Anonymous

Beschreibung des Oberamts Meisenheim

Vom Reinhardt und Regierungsrath Beck in Trier

Anonymous

Beschreibung des Oberamts Meisenheim
Vom Reinhardt und Regierungsrath Beck in Trier

ISBN/EAN: 9783743697775

Hergestellt in Europa, USA, Kanada, Australien, Japan

Cover: Foto ©Suzi / pixelio.de

Weitere Bücher finden Sie auf **www.hansebooks.com**

Beschreibung

des

Oberamts Meisenheim

vom

Geheimen Regierungsrath Reinhardt

in Meisenheim

und Regierungsrath Beck

in Trier.

In Commission bei Theodor Krull in Meisenheim.

1868.

Vorwort.

Unsere Absicht, den Behörden für die Ueberführung des Oberamts Meisenheim aus dem alten in den neuen Verband eine zuverlässige Uebersicht über dessen Verhältnisse an die Hand zu geben, konnte in Folge Ueberbürdung mit amtlichen Geschäften erst etwas spät, hoffentlich jedoch nicht zu spät realisirt werden. Mit der Hoffnung, daß den mit diesen Zuständen weniger bekannten Behörden und Beamten ein solches Handbuch für die nächsten Jahre doch nicht unwillkommen sein werde, verbinden wir die Bitte an die Bewohner des Oberamts, dieses Schriftchen zur Erinnerung an die letzten fünfzig Jahre freundlich anzunehmen.

Meisenheim,   Trier,
den 22. August 1867.   den 21. August 1867.
Reinhardt,   **Beck,**
Geheimer Regierungsrath.   Regierungsrath.

Inhaltsverzeichniß.

Erste Abtheilung.

	Seite
Cap. I. Lage, Größe, Grenzen und Eintheilung . .	3
Cap. II. Historische Notizen	5
Tit. I. Die Stadt Meisenheim	5
Tit. II. Das Schloß Meisenheim	5
Tit. III. Das zweibrücker Gymnasium . . .	6
Tit. IV. Bestandtheile des Oberamts Meisenheim zur pfalz-zweibrückenschen Zeit	7
Tit. V. Bestandtheile des französischen Kantons Meisenheim	7
Tit. VI. Bedrängnisse des meisenheimer Ländchens in alter und neuerer Zeit	8
Tit. VII. Das hessen-homburgische Oberamt Meisenheim	10
Tit. VIII. Die hessen-homburgischen Regenten .	10
Cap. III. Physiographische Skizze	12

	Seite
Zweite Abtheilung	15
Cap. IV. **Bevölkerung, Wohnplätze und Viehstand**	17
Tit. I. Generaltabelle über die Bevölkerung des Oberamts Meisenheim vom 3. Dezember 1864	18
Tit. II. Generaltabelle über die Wohnhäuser und den Viehstand des Oberamts Meisenheim vom 3. Dezember 1864	20
Cap. V. **Erwerbsquellen**	21
Tit. I. Landwirthschaft und Viehzucht	21
§. 1. Landwirthschaft	21
§. 2. Viehzucht	21
Tit. II. Handel, Gewerbe und Industrie	27
§. 1. Städtische Gewerbe und Industrie	29
§. 2. Aus- und Einfuhrartikel	32
1) Ausfuhrartikel	32
2) Einfuhrartikel	32
§. 3. Handelsstraßen und Eisenbahnprojekte	32
§. 4. Chausseen und Communalwege	35
Dritte Abtheilung.	
Cap. VI. Verfassung und Behörden	39
Tit. I. Verfassung	39
Tit. II. Behörden	41
Cap. VII. Grundeigenthum	43
Tit. I. Vertheilung des Bodens	43
Tit. II. Verkehr mit Grundstücken	43
Tit. III. Belastung des Grundbesitzes	44
§. 1. Realfasten	44
§. 2. Servituten	44

	Seite
Tit. IV. Meliorationswesen	44
Tit. V. Unterstützung für Landeskulturzwecke	45
Tit. VI. Konsolidationsfrage	45
Cap. VIII. Gemeindeverhältnisse	46
Tit. I. Gemeindeverwaltung	46
Tit. II. Vermögen und Schulden	49
§. 1. Tabellarische Uebersicht über Vermögen und Schulden der Gemeinden exkl. der Kirchen und Schulhäuser pro Anfang 1867	50
§. 2. Kommunalwaldungen	50
Cap. IX. Die arbeitende Klasse	56
Cap. X. Polizei und Gefängnisse	58
Cap. XI. Sanitätsanstalten	59
Cap. XII. Kultus	60
Tit. I. Katholiken	60
Tit. II. Evangelische	60
Tit. III. Juden	63
Tit. IV. Tabellarische Uebersichten	63
§. 1. Pfarr- und Filialkirchen	64
§. 2. Synagogen	65
§. 3. Pfarrei- und Synagogenverbände	65
§. 4. Dissidenten	67
§. 5. Haushalt der christlichen Kirchenverbände	68
§. 6. Haushalt der israelitischen Kultgemeinden	76
Cap. XIII. Unterricht	78
Cap. XIV. Justiz	83
Cap. XV. Militär	86

	Seite
Vierte Abtheilung	89
Cap. XVI. **Steuern**	91
Cap. XVII. **Budget**	93
Cap. XVIII. Die Einführung der preußischen Herrschaft vom Monat Juli 1866 bis dahin 1867 . . .	93
Fünfte Abtheilung	99
Cap. XIX. **Bedürfnisse und Wünsche**	101
Anhang. Noch einmal die Konsolidationsfrage und die Rheinprovinz	105
Gesetz, Zusammenlegung der Grundstücke, Theilbarkeit der Parzellen und Feldwege-Anlagen betreffend . .	106
Verordnung, betreffend die Einführung der im westrheinischen Theile des Regierungsbezirks Koblenz geltenden Gesetze in dem vormals hessen-homburgischen Oberamte Meisenheim	121

Erste Abtheilung.

Cap. I.
Lage, Größe, Grenzen und Eintheilung.

Der Ober-Amtsbezirk Meisenheim, welcher aus der Stadt Meisenheim und 24 Ortschaften besteht, zählte im Jahre 1864 13 752 Seelen. Der Flächeninhalt läßt sich — in Ermangelung von Vermessungen und eines Katasters — mit Sicherheit nicht angeben; man nimmt ihn gewöhnlich zu 3,.. ☐Meilen an.*) Er liegt zwischen 49° 40′ und 49° 48′

---

*) Berechnung des Flächeninhaltes des Oberamtes Meisenheim nach preußischen Quadratmeilen, auf Grund der Zusammenstellung aus der Generalstabs-Karte in doppeltem Maaßstabe:

14.100 000	☐Schr.	4.290 000 ☐Schr.
18.270 000		960 000
17.425 000		780 000
6.426 000		5.962 500
30.600 000		750 000
45.325 000		780 000
26.587 500		90 000
3.540 000		1.060 000
18.062 500		9.880 000
28.200 000		2.887 500
1.280 000		2.205 000
4.972 000		1 100
6.600 000		8.400 000
1.570 000		927 000
720 000		2.307 500
322 000		5.880 000
2.802 500		2.780 000
7.140 000		1.190 000
3.840 000		
3.069 000		
252.851 500	+	51.080 600 = 303.932 100 ☐Schritte,

nördlicher Breite, resp. 25° 7′ und 25° 24′ östlicher Länge, und wird begrenzt im Nord=Osten von Preußen und auf einer kleinen Strecke vom großherzoglich olbenburgischen Fürstenthum Birkenfeld, im Südwesten vom Königreich Bayern. Eingetheilt ist dasselbe in folgende 5 Bürgermeistereien:

1) Meisenheim mit 10 Gemeinden und 6039 Einwohnern,
2) Becherbach „ 8 „ „ 3006 „
3) Merxheim „ 4 „ „ 2406 „
4) Meddersheim „ 2 „ „ 1283 „
5) Staudernheim „ 1 „ „ 1018 „

zusammen 25 Gemeinden mit 13752 Einwohnern.

Ueber das Ländchen existirt eine im Buchhandel leider vergriffene Karte von C. Persinger, im Maaßstabe von 1:40000, welcher die preußische Generalstabs=Karte (1:80 000) zu Grunde liegt.

---

oder 3,04 preuß. ☐Meilen, wobei 100.000 000 ☐Schritte = 1 pr. ☐Meile gerechnet sind. Die pr. ☐Ruthe enthält 25 ☐Schritte und der Morgen 180 ☐Ruthen; auf 1 Morgen kommen also 4500 ☐Schritte. Die Fläche des Oberamts beträgt hiernach 303.932 100 = rot. 67 540½ preuß. Morgen.
                                                 4500

Cap. II.
Historische Notizen.

Tit. I.
Die Stadt Meisenheim.

Die Stadt Meisenheim war schon im frühen Mittelalter unter der Herrschaft der Grafen von Veldenz. Aber um das Jahr 1400 kam die Grafschaft Veldenz *) durch Heirath an Zweibrücken. Ludwig der Schwarze, ein Sohn aus der Ehe der Gräfin Anna von Veldenz mit dem Pfalzgrafen Stephan, residirte zu Meisenheim. Dieses blieb unter der Herrschaft der Pfalzgrafen, bis es mit dem ganzen Herzogthum Zweibrücken durch Erbschaft auf einige Zeit an Schweden kam. Nach dem Tode Karl's XII., Königs von Schweden (1718), nahm der Pfalzgraf Gustav Samuel Leopold das Herzogthum Zweibrücken mit Meisenheim wieder in Besitz, bis es (nachdem es einige Zeit lang der Sitz der vor den Franzosen flüchtigen, zweibrückenschen Regierung unter dem Freiherrn von Pfeffel gewesen war) im Jahre 1794 von den Franzosen okkupirt und später (als Kanton Meisenheim) dem Saardepartement zugetheilt wurde.

Tit. II.
Das Schloß Meisenheim.

Die Burg zu Meisenheim wurde zuerst durch den Grafen Georg von Veldenz erbaut. Von der ursprünglichen Burg sind noch Bauten vorhanden, die aber im Laufe der Zeit wesentlich verändert und zu anderen Zwecken gebraucht worden sind. Den ersten Bau bildeten die jetzt noch stehenden, sogenannten Bandhäuser mit viereckigen massiven Thürmen. In zweibrücker Zeit wurden diese Gebäulichkeiten als Zehnt-

---

*) Nach der Burg Veldenz, bei Mülheim an der Mosel, benannt.

scheunen benutzt. Diese ursprüngliche Burg wurde durch spätere Bauten der Herzöge von Zweibrücken erweitert. Der vorzüglichste Theil des alten Schlosses, der sogenannte „Stephansstock", welcher unter dem Herzog Stephan von Zweibrücken erbaut und durch den Herzog Alexander von Zweibrücken erweitert und verschönert wurde, brannte im Jahre 1734 nieder. Spuren dieses Baues sind nur noch an der Scheidemauer des jetzigen Schloßgartens und Schloßhofes sichtbar. Der dritte Bau, der sogenannte neue (Magdalenen=) Bau, welcher jetzt noch steht, wurde von der Gemahlin des Herzogs Johann I., Magdalena, und deren Sohne Johann II. errichtet. Zugleich mit der Besetzung des Oberamts Meisenheim durch die Franzosen (1794) wurde das Schloß nebst den Bandhäusern und der Zehntscheune von ihnen okkupirt, zu verschiedenen Zwecken (als Lazareth ꝛc.) benutzt und dadurch arg beschädigt. Schloß und Bandhäuser wurden demnächst (Anfang des jetzigen Jahrhunderts) als französische Domainen öffentlich versteigert und von einer Gesellschaft meisenheimer Bürger angekauft, welche die Bandhäuser als Scheunen benutzten und die Räumlichkeiten des Schlosses als Wohnungen vermietheten. Im Jahre 1826 kaufte die Gemahlin des Landgrafen Friedrich Joseph, eine Prinzessin von England, das Schloß nebst Pertinenzien und den ringsum liegenden Ländereien. Sie ließ den alten Schloß = (Magdalenen =) Bau theils umbauen, theils renoviren, und an der Südseite desselben einen neuen Anbau anbringen. Die Zehntscheune wurde niedergelegt, die Umgebung durch Gartenanlagen verschönert und das Ganze in einen reizenden, friedlichen Landsitz für die fürstliche Familie umgewandelt. Die hessen = homburgischen Landgrafen Friedrich Joseph, Ludwig und Philipp haben zeitweise in demselben residirt. Gegenwärtig wird es zum Theil von der meisenheimer Kasinogesellschaft miethweise benutzt.

Tit. III.
Das zweibrücker Gymnasium.

Das von den Herzögen von Zweibrücken gestiftete, reich dotirte, jetzige zweibrücker Gymnasium wurde im Jahre 1676 nach Meisenheim verlegt, wo es bis zum Jahre 1706 verblieb und alsdann wieder nach Zweibrücken kam.

Später kam es noch einmal, aber nur sehr vorübergehend, vor, daß Meisenheim diese vortreffliche Anstalt in seinen Mauern hatte.

Tit. IV.
Bestandtheile des Oberamts Meisenheim zur pfalz-zweibrückenschen Zeit.

Zu dem Oberamt Meisenheim gehörten zur pfalz-zweibrückenschen Zeit folgende Orte:

I. Die Ober-Amtsstadt Meisenheim mit folgenden hessen-homburgischen Ortschaften:

    Medard, Breitenheim, Jeckenbach, Hundsbach, Desloch, Unterraumbach und Oberraumbach,

und den jetzt königlich bayerischen Ortschaften:

    Rehborn, Lettweiler, Obernheim, Duchroth-Oberhausen, Einöllen, Heiligenmoschel, Berzweiler, Callbach, Reifelbach, Gangloff, Roßbecherbach und Roth.

II. Amt Landsberg, von Meisenheim aus administrirt, mit Ober- und Niedermoschel, Sieders, Ransweiler, Schiersfeld, Bisterschied und Dielkirchen.

III. Amt Waldgrehweiler.

IV. Amt Odenbach mit cirka 1100 Einwohnern, von Meisenheim aus administrirt, mit:

    Odenbach, Abenbach, Ginsweiler und Cronenberg.

Unter dem Pfalzgrafen Maximilian wurde das Oberamt Meisenheim noch im Jahre 1796 dem Regierungsbezirk Kreuznach, zu welchem auch die nordöstliche Rheinpfalz bis nach Dürkheim gehörte, vorübergehend beigegeben.

Tit. V.
Bestandtheile des französischen Kantons Meisenheim.

Zu dem Kanton Meisenheim gehörten in der französischen Zeit:

a. Mairie Meisenheim mit:

    Meisenheim, Breitenheim, Jeckenbach, Medard, Lauschied, Abtweiler, Ober- und Unterraumbach, Schweinschied, Löllbach und Desloch.

b. Mairie Staudernheim mit:

    Staudernheim, Meddersheim und Kirschroth.

c. Mairie Merzheim mit:

    Merzheim, Hochstädten, Meckenbach und Bärweiler.

d. Mairie Hundsbach mit:
Hundsbach, Limbach, Krebsweiler und Heimberg.

Die Orte Becherbach, Bärenbach, Otzweiler und Hoppstädten sind erst zur hessen-homburgischen Zeit an das Oberamt Meisenheim und resp. die Bürgermeisterei Hundsbach gelangt.

Tit. VI.
Bedrängnisse des meisenheimer Ländchens in alter und neuerer Zeit.

In der Fehde Ludwigs des Schwarzen mit Friedrich dem Siegreichen von der Pfalz wurde Meisenheim von dem Letzteren (1460) belagert, bis eine Aussöhnung beider Fürsten vor den Mauern der Stadt erfolgte.

Schon Anfangs des 30jährigen Krieges hatte Meisenheim Vieles zu erdulden. Im Jahre 1620 wurde es z. B. von dem General Spinola eingenommen und 1634 hatte General Gallas dort sein Lager aufgeschlagen. Im Jahre 1689 wurde es von den Franzosen besetzt, welche arge Verwüstungen anrichteten, unter Andern die Mauern und Thürme zerstörten. Die Stadt sollte in Flammen aufgehen, und nur auf Verwenden der damals dort residirenden Prinzessin Charlotte *) von Zweibrücken — schwedische Abministratorin — wurde sie verschont und die Einäscherung symbolisch vorgenommen, indem an den Thoren der Stadtmauern Reisigbündel angezündet wurden.

Kaum waren Anfangs des Jahres 1794 nach dem bis dahin von preußischen Truppen besetzten Meisenheim französische Vorposten angelangt, als der Stadt sofort eine Brandschatzung von 30 000 Frcs. und 400 Paar Schuhen, Hemden ꝛc. auferlegt wurde. Als diese geliefert waren, forderte man die gleiche Summe noch einmal; außerdem wurde die Stadt geplündert.

Auf dem Rückzuge von Kreuznach am 9. und 10. Januar wurde in allen umliegenden Dörfern schrecklich gehaust. Am 11. Januar Vormittags zogen die Franzosen auf die Nachricht, daß die Preußen im Anzuge seien, eiligst ab. Von Meisenheim wurden mehrere Geiseln, zwischen die Pferde gebunden, mit fortgeschleppt. Am 16. Januar 1794 sendete man von dort den Rest der Brandschatzung, die auf 20 000 Frcs.

---

*) Diese Prinzessin ist in der Gruft zu Meisenheim beigesetzt.

herunter gebeten war, nach Kaiserslautern. Den Gerbern wurde eine besondere Kontribution von 15 000 Frcs. für ihre Gruben auferlegt, wofür ebenfalls 5 besondere Geiseln abgeführt wurden. Nachdem am 17. Januar dem General Moreau das Lösegeld für die meisenheimer Geiseln in Kaiserslautern bezahlt worden war, wurden diese in Freiheit gesetzt.

Am 1. Dezember 1795 rückten die Vorposten der Republikaner von Lauterecken her in Meisenheim ein. Noch an demselben Tage verlangten sie 800 Paar Schuhe, 400 Paar Strümpfe, 11 000 Pfund Fleisch, 18 000 Pfund Brod, 5000 Flaschen Wein. Diese Auflage ward alsbald den Bewohnern bekannt gemacht. Ohne die Lieferung abzuwarten, griffen die Soldaten, welche größtentheils keine oder nur sehr schlechte Schuhe hatten, die Leute auf der Straße an, um sie ihrer Fußbekleidung zu berauben. Sie stürmten überdies in den Rathhaus-Saal, wo die Stadtvorstände mit der Aufbringung der gestellten Requisitionen beschäftigt waren, und requirirten von den Anwesenden auf der Stelle Schuhe und Stiefeln.

An demselben Tage gegen Abend mußten für die Volontaire, welche vor Meisenheim auf der Anhöhe gegen Desloch lagerten, 5000 Gebund Stroh und das nöthige Holz geliefert werden. Am 2. Dezember folgten neue Auflagen vom Kriegskommissair Robert. Dieser verlangte innerhalb 3 Tagen 100 Stück Rindvieh, 200 Centner Brod, 2000 Centner Brodfrüchte, 1000 Centner Hafer, 500 Centner Heu und 600 Centner Stroh.

Die Gemeinden befanden sich in Folge dieser fortwährenden Auspressungen bald in der größten Bedrängniß, so daß der Pfalzgraf Maximilian z. B. am 6. Juni 1796 der Stadt Meisenheim gestattete, zur Deckung der Kriegsschulden eine Anleihe von 150 000 Gulden zu machen.

Die größten Nachtheile aber sind dem Oberamt Meisenheim dadurch zugefügt worden, daß das Glangebiet (als bisherige französische Kantongrenze) auch zur Hoheitsgrenze mit Bayern erhoben ist. Nach dem im Jahre 1830 erfolgten Anschluß an den Zollverein war das Oberamt daher durch 2 Zollgrenzen — die preußische und die bayerische — wie eingeschnürt. Der bis dahin wichtigste Verkehr mit dem bayerischen Grenzland hörte auf und die Plackereien nahmen kein Ende. Dies machte das Maß des Unglücks voll; allgemeine Entmuthigung trat ein und hatte eine großartige Auswanderung zur Folge. Die Lücken, die sie in der

Bevölkerung machte und durch die Verlockungen der Vorausgezogenen noch immer macht, harren ihrer Ausfüllung von besseren preußischen Zeiten.

Tit. VII.
Das hessen=homburgische Oberamt Meisenheim.

Bei dem zweiten pariser Frieden gewann Preußen den Rest des vormaligen Saardepartements nebst der Festung Saarlouis und dem westlichen Theil des Moselbepartements; dagegen übernahm es unter Andern auch die Verpflichtung, an den Landgrafen von Hessen=Homburg einen Bezirk von 10 000 Seelen im Kanton Meisenheim abzutreten. In Folge dessen wurde demselben im Jahre 1816 die bis dahin zum Regierungsbezirk Trier gehörig gewesenen ehemaligen Mairien des Saardepartements Hundsbach, Medbersheim, Meisenheim und Merzheim, welche zum Arrondissement Birkenfeld (Kanton Meisenheim) gehört hatten, überwiesen, und ist aus ihnen das Oberamt Meisenheim gebildet worden, welches nach dem Anfangs des Jahres 1866 erfolgten Aussterben des Landgrafen von Hessen=Homburg bis zu seiner Wiedervereinigung mit Preußen dem Großherzog von Hessen als Landgrafen von Hessen=Homburg angehört hat.

Tit. VIII.
Die hessen=homburgischen Regenten.

Unter der Regierung des Landgrafen Friedrich Ludwig *) kam das Oberamt Meisenheim im Jahre 1816 an Hessen=Homburg. Derselbe war geboren am 30. Januar 1748 und starb zu Homburg am 20. Januar 1820, 72 Jahre alt. Er glänzte zwar nicht als Kriegsheld, wohl aber unvergeßlich in Werken des Friedens. Seine Gemahlin, Karolina von Hessen=Darmstadt, war Mutter von 8 Prinzen und 6 Prinzessinnen. Von den Prinzen starben 2 in ihrer ersten Kindheit; der jüngste, Leopold, königl. preußischer Major, starb den Heldentod in der Schlacht bei Lützen den 2. Mai 1813, 26 Jahre alt. Von den übrigen 5 Brüdern folgte zuerst in der Regierung: Friedrich VI. Joseph, k. k.

---

*) Er trat im Jahre 1766 die seit dem (am 7. Februar 1751 erfolgten) Tode seines Vaters, Friedrich IV., vormundschaftlich geführte Regierung an und erlangte 1816 die Souverainität.

österr. General der Kavallerie, geboren am 30. Juli 1769. In der Schlacht bei Leipzig befehligte er den ersten der drei großen Heerhaufen der Oesterreicher unter Schwarzenberg. Er folgte seinem Vater 1820 in der Regierung und verschönerte die Städte Homburg und Meisenheim, in letztgedachtem Orte namentlich das Schloß und den Kirchhofsplatz. Seine Mildthätigkeit wird gerühmt. Er starb am 2. April 1829. Seine Ehe mit Elisabeth von Großbrittanien blieb kinderlos.

Ihm folgte Ludwig, königl. preuß. General und Gouverneur der deutschen Bundesfestung Luxemburg, in der Regierung; er erhob 1834 Homburg zum Badeort und starb am 19. Januar 1839.

Auf ihn folgte Philipp, k. k. österr. Feldmarschall, welcher am 15. Dezember 1846 im 68. Lebensjahre starb. Aus seiner Ehe mit Antonie von Naumburg entsprossen keine Kinder.

Diesem folgte Gustav, k. k. österr. General der Kavallerie, der schon am 8. September 1848 mit Tode abging. Seine Gemahlin Louise Friederike von Anhalt=Dessau war Mutter von 1 Prinzen und 2 Prinzessinnen; sie war die letzte Landgräfin. Der Sohn, Erbprinz Friedrich, geboren den 6. April 1830, starb am 4. Januar 1848 auf der Universität Bonn im 18. Lebensjahre. Mit diesem jüngsten Sprossen erstarb des Landes Hoffnung und seines Hauses Zukunft.

Auf Gustav folgte Ferdinand Heinrich Friedrich, k. k. österr. General der Kavallerie, geboren am 26. April 1783. Er starb zu Homburg am 24. März 1866 im 83. Lebensjahre, und mit ihm erlosch der Mannesstamm des glorreichen Heldenhauses Hessen=Homburg.

Cap. III.
Physiographische Skizze.

Das Oberamt ist überall von Bergen und Hügeln durchzogen Ein von den Vogesen auslaufender Bergrücken theilt es in zwei fast gleiche Hälften und bildet die Wasserscheide zwischen dem Glan und der Nahe. Von den Höhen sind zu erwähnen:

die limbacher Höhe, nordöstlich von Limbach	1420,₁	parif. Fuß,
die Höhe östlich von Bärenbach	1414,₅	" "
der Eichberg bei Heimberg	1414,₅	" "
der Oedebornerkopf bei Hundsbach	1344,₁	" "
der Heerstaubberg, nordwestlich von Hundsbach	1310,₀	" "
der preuß. Dreieckspunkt südlich vom welchröther Hof	1298,₅	" "
die lauschieder Höhe, nordöstlich von Lauschied	1066,₀	" "
der Olbachskopf, westlich von Medard	1043,₄	" "
Medard, die Kirche	697,₀	" "
Meisenheim (Schloß)	519,₃	" "
Staubernheim	450,₃	" "

Nach den von Fr. Dröscher im Jahre 1861 vorgenommenen geognostischen Ermittelungen gehört der südliche, sich von Süd-West nach Nord-Ost erstreckende, etwas weniger als ²/₅ der Gesammtfläche einnehmende Theil der jüngeren Steinkohlenformation an. An denselben schließt sich ein öfter unterbrochener, schmaler Streifen der Uebergangsbildung und dann folgt in derselben Richtung ein etwas mehr als ²/₅ ausmachender Streifen des Rothliegenden, während an dem die nordwestliche Grenze bildenden Nahestrom die Uebergangsbildung zu Tage tritt.

Die Tertiärbildung findet sich bei Meisenheim, St. Antoniushof, Staubernheim, Unterhochstädten und Medenbach, während Melaphir hauptsächlich an der westlichen Grenze bei Hoppstädten vorkommt.

Die Hauptgewässer sind die Nahe, welche im Allgemeinen als nördliche, und der Glan, welcher als südöstliche Grenze des Amtes bezeichnet werden kann.

Die Nahe oder Nohe entspringt im Walde Hommerich bei Sellbach im Fürstenthum Birkenfeld, aus dem Nahepfuhl, erreicht bei Nohbollenbach (Kreis St. Wendel) das preußische Gebiet, bildet von da eine Meile lang die Grenze gegen Birkenfeld, fließt auf Rohfelden, Oberstein, Kirn, Sobernheim, Kreuznach und fällt zwischen dem Scharlachs- und Rupertsberge bei Bingen in den Rhein. Nur bei ihrer Mündung ist sie schiffbar.

Aus dem Amte ergießen sich in die Nahe:
1) ein bei Sienhachenbach, Schmidthachenbach und Bärenbach vorüber fließendes kleines Gewässer;
2) der in zwei Armen von Limbach, Heimberg resp. Oßweiler, Becherbach kommende, sich bei Krebsweiler vereinigende Brücerbach;
3) der Hottenbach bei Mebbersheim und
4) ein kleines Gewässer bei Staubernheim.

In den Glan ergießen sich dagegen:
1) der Inghöllbach und der Spießbach auf der Grenze zwischen dem Oberamt und der bayerischen Pfalz;
2) der Jeckenbach oberhalb Meisenheim;
3) der Heimbach;
4) der Raumbach und
5) der Reifelbach.

Nahe und Glan vereinigen sich unweit der meisenheimschen Eisenbahn-Station Staubernheim auf bayerischem Gebiete, unweit der nordöstlichen Spitze des Amtes, am Fuße des ebenfalls zum Königreich Bayern gehörigen romantisch belegenen Dissibodenberges.

Ungebauter Boden (Oedland) ist außer an zwei kleinen, aus schlechtem Gestein bestehenden Stellen nirgends vorhanden. Die südlichen und südwestlichen Hänge hat die Rebe eingenommen, alle anderen, soweit sie nicht der Ackerbau okkupirt hat, sind mit Wald (hauptsächlich mit Eichen) bestanden. Die Lohschläge, welche man überall findet, liefern dem Staate, den Gemeinden und Privaten reiche Erträge. Die alten Hochwaldsbestände schwinden immer mehr, die Bestände von mittlerem Alter fehlen hier, wie fast überall auf dem linken Rheinufer (aus der Zeit des französischen Interregnums in Folge der damaligen Raubwirthschaft) durchgehends. Von jungen Hochwalds-Beständen sind viele in Staats-

und Gemeindewaldungen vorhanden, welche theilweise schon durch Auslichtungen Erträge liefern. Sie und viele junge und ältere Nadelholzbestände haben von der im Jahre 1858 eingetretenen Kalamität des Eisbruchs stark gelitten.

Ueber den Flächeninhalt der vorhandenen Waldungen fehlen bestimmte Zahlen. Man nimmt an:

die Größe der Staatswaldungen zu 3000 Morg.
„ „ „ Gemeindewaldungen „ 12000 „
„ „ „ Privatwaldungen „ 2000 „

Zweite Abtheilung.

Cap. IV.
Bevölkerung, Wohnplätze und Viehstand.

Das Oberamt Meisenheim ist von einem fleißigen, biedern, gemüthlichen Menschenschlage bewohnt. Man komme vom industriereichen Saarthale, vom unvergleichlichen Rheinthale oder der hochkultivirten Pfalz, immer wird man im meisenheimer Ländchen eine liebliche Oase finden, in der es uns anheimelt, denn hier hat sich biederes deutsches Wesen in nur noch selten zu findendem Maaße erhalten. Dabei bemerkt man überall einen entsprechenden Grad von Wohlhäbigkeit, Selbstgenügsamkeit, ungezwungener Natürlichkeit; einen kräftigen, humanen, kirchlichen Sinn, der sich gern durch die That bewährt, wie sich dies noch in den letzten Jahren bei den verschiedenen zur Ausführung gekommenen Bauten von Gotteshäusern und Schulen bewährt hat. Die mit anständiger Sparsamkeit gepaarte Solidität erfreut um so mehr, als Gastfreundschaft und ein reges Streben nach Fortbildung sich überall geltend macht.*)

Obgleich es im Oberamt Meisenheim an reichen, b. h. mit hervorragendem Vermögensbesitz gesegneten Leuten nicht fehlt, so kann man doch im Allgemeinen nur einen mittleren Wohlstand, der ein sorgenfreies, behagliches Leben gewährt, annehmen. Aber man merkt es doch auch überall, daß diesem glücklichen Ländchen der eigentliche Hebel der Neuzeit der bald frisches Leben, Rührigkeit und großen Reichthum hineinbringen würde, noch fehlt, nämlich die längst dringend gewünschte Glan=Eisenbahn. Diese ist unentbehrlich und unbedingt nothwendig, wenn der jetzige Wohlstand nicht im Kampfe gegen die immer größer werdende Konkurrenz allmälig unterliegen soll. Während z. B. in dem benach-

---

*) Nirgends dürften während des vorjährigen Krieges die preußischen Truppen einen freundlicheren, herzlicheren Empfang gehabt haben, als in Meisenheim.

barten preußischen Sobernheim die Bevölkerung, welche im Jahre 1816 nur 2300 Seelen betrug, bereits auf 2900 Seelen angewachsen ist, hat sie in Meisenheim in derselben Zeit sich von 2300 auf 1900 vermindert.

Um so zuversichtlicher hofft die Bevölkerung des Oberamts Mei-

Tit. I. Generaltabelle über die Bevölkerung des Oberamts Meisenheim am 3. Dezember 1864.

Laufende №	Namen der Gemeinden.	Anzahl der Familien.	Zahl der in der Familie lebenden Glieder.	Dienstboten.	Gesellen u. Lehrlinge.	Zöglinge u. Pflegslinge.	Gesammt-Kopfzahl.	Darunter Inländer.	Darunter Ausländer.	männliche über 14 Jahre	männliche unter 14 Jahre	weibliche über 14 Jahre	weibliche unter 14 Jahre	Evangelische	Katholische	Neukatholische	Mennoniten	Juden	Zahl der im Auslande sich aufhaltenden Inländer
	I. Bürgermeisterei Meisenheim.																		
1	Meisenheim	502	1651	127	72	32	1882	1696	186	596	266	754	266	1458	217		9	198	306
2	Abtweiler	82	319	26	—	1	346	327	19	114	42	133	57	297	47		2	—	35
3	Brei.enheim	123	516	7	5	2	530	525	5	174	96	168	92	517	1		—	12	95
4	Ireloch	126	564	13	4	—	581	576	5	192	113	191	85	581	—		—	—	112
5	Irdenbach	122	438	14	5	—	457	447	10	163	61	176	57	457	—		—	—	51
6	Raulschieb	118	541	7	—	1	549	543	6	174	113	173	89	226	320		3	—	140
7	Höllbach	73	295	15	—	—	310	299	11	98	48	121	43	291	13		—	6	74
8	Rehard	145	594	15	3	—	612	592	18	189	95	220	106	532	71		—	7	220
9	Raumbach	119	479	9	4	3	495	480	15	166	84	174	71	247	248		—	—	102
10	Schweinschied	64	258	19	1	1	279	264	15	91	37	99	52	271	—		—	8	24
	Summa	1474	5656	252	92	40	6039	5749	290	1957	955	2209	918	4877	917		11	3231	1164
	II. Bürgermeisterei Becherbach.																		
11	Reiffersbach	105	412	23	9	3	447	419	28	140	69	173	65	386	43		—	—	18
12	Siracbach	73	307	17	1	1	326	303	23	112	71	94	49	260	66		—	—	—

senheim, daß der Anschluß an Preußen die Realisirung dieses Wunsches zur nächsten Folge haben werde.

Indem wir uns vorbehalten, auf diese wichtige Frage weiter unten zurückzukommen, gehen wir zu den Resultaten der letzten, am 3. Dezember 1864 erfolgten Volkszählung über:

13	Heimberg	42	137	16	—	—	156	138	18	15	57	19	155	1	—	3
14	Doppstadten	95	416	3	—	—	419	406	11	70	135	89	375	40	4	13
15	Dumbsbach	149	680	5	—	3	688	686	2	107	234	114	626	40	22	11
16	Kreuzweiler	58	224	40	4	2	270	246	24	27	95	33	264	16	—	2
*17	Limbach	94	351	26	3	—	380	369	11	45	137	59	381	49	—	6
18	Oberweiler	71	314	3	1	2	320	313	7	56	100	55	240	80	—	7
	Summa	687	2841	136	18	11	3006	2882	124	1038	460	1025	483	2627	335	44	61

III. Bürgermeisterei Merzheim.

19	Merzheim	298	1285	51	11	23	1370	1322	48	255	471	213	1032	283	65	120
20	Bärweiler	107	442	8	—	—	450	447	3	44	149	68	398	39	13	5
21	Hochstädten	51	219	11	—	1	231	218	13	36	76	42	228	3	—	11
22	Meckenbach	65	348	3	—	4	355	347	8	52	130	56	344	11	—	1
	Summa	521	2294	73	11	28	2406	2334	72	784	826	379	1992	336	78	137

IV. Bürgermeisterei Medderzheim.

23	Medderzheim	17.	820	66	7	5	898	824	74	123	957	97	817	26	55	67
24	Rischroth	7.	365	20	—	—	385	378	7	52	141	43	352	33	—	9
	Summa	244	1185	86	7	5	1283	1202	81	175	498	140	1169	59	55	76

V. Bürgermeisterei Staudernheim.

25	Staudernheim	181	959	58	—	1	1018	949	69	162	350	151	784	163	71	41
	Summa	181	959	58	—	1	1018	949	69	162	350	151	784	163	71	41

Summarische Uebersicht.

	Bürgermeisterei:															
I.	Meisenheim	1474	6655	252	92	40	6039	5749	290	955	2209	918	4877	917	11	3231	1164
II.	Becherbach	687	2841	136	18	11	3006	2982	124	1038	460	1025	483	2627	335	—	44	61
III.	Merzheim	521	2294	73	11	28	2406	2334	72	784	417	826	379	1992	336	78	137
IV.	Medderzheim	244	1185	86	7	5	1283	1202	81	175	498	140	1169	59	55	76
V.	Staudernheim	181	959	58	—	1	1018	949	69	162	350	151	784	163	71	41
	Total	3107	12934	605	128	85	13752	13116	636	4604	2109	4908	2071	11449	1810	11	3479	1479

P.N. Zu den mit einem * bezeichneten Orten gehören Höfe ohne eigene, abgeschlossene Gemarkung.

2*

Tit. II.

Generaltabelle
über die Wohnhäuser und den Viehstand des Oberamts Meisenheim am 3. Dezember 1864.

№	Namen der Gemeinden.	Wohnhäuser.	Pferde.	Fohlen.	Zug- und Mast-Ochsen.	Zuchtstiere.	Kühe.	Rinder.	Kälber.	Schweine.	Schafe.	Ziegen.
1	Meisenheim	267	48	3	—	3	137	48	20	100	300	105
2	Abtweiler	59	51	8	46	5	150	90	70	100	60	70
3	Breitenheim	89	18	1	48	2	131	76	64	89	17	22
4	Desloch	98	23	5	76	2	155	65	78	184	92	47
5	Jeckenbach	76	11	3	104	5	144	54	50	226	5	6
6	Lauschied	87	11	3	33	2	115	81	12	75	2	44
7	Löllbach	56	33	5	30	1	72	40	57	142	15	34
8	Medard	106	19	—	90	3	152	80	55	142	15	34
9	Raumbach	80	34	4	40	2	130	78	24	85	—	52
10	Schweinschled	54	20	—	94	2	119	99	25	116	196	7
11	Becherbach	67	40	1	44	4	118	102	40	60	20	16
12	Bärenbach	56	26	—	36	1	100	40	20	90	176	20
13	Heimberg	27	27	—	14	1	60	20	—	70	96	5
14	Hundsbach	123	47	5	48	2	170	50	—	94	52	80
15	Hoppstädten	68	26	1	20	1	90	40	34	30	200	20
16	Krebsweiler	37	80	6	24	1	80	45	—	70	200	5
17	Limbach	56	70	6	34	5	120	80	30	140	172	20
18	Otzweiler	57	9	1	14	1	60	14	10	18	57	32
19	Merxheim	210	79	3	128	3	322	147	53	246	23	58
20	Bärweiler	80	10	—	66	1	129	62	63	76	—	19
21	Hochstädten	43	8	—	36	1	68	21	—	77	6	15
22	Meckenbach	56	6	—	88	1	110	55	11	71	120	11
23	Rehborn	159	30	—	252	2	245	80	70	136	20	20
24	Kirschroth	54	16	—	74	2	82	40	30	58	10	4
25	Staubernheim	167	36	—	48	3	270	60	50	350	10	20
		2232	778	55	1487	56	3329	1567	866	2845	1864	766

Cap. V.
Erwerbsquellen.

Tit. I.
Landwirthschaft und Viehzucht.

§. 1. Landwirthschaft.

Die ziemlich allgemeine Annahme, als sei der ganze westliche Theil der Pfalz, der sogenannte Westrich, ein wenig fruchtbares Land, ist hinsichtlich der Glan= und Lautergegend nicht begründet. Selbst die abschüssigsten Berghänge sind kultivirt; überall lacht dem Wanderer der Segen des Himmels entgegen. Das Oberamt Meisenheim ist einem herrlichen Garten zu vergleichen.

Die wichtigsten Erwerbsquellen der Einwohner sind die Landwirthschaft und die Viehzucht. Der von einem milden Klima begünstigte landwirthschaftliche Betrieb erstreckt sich im Glangebiete (wo Kohlensandstein und Thonschiefer vorherrschen) auf Thon mit Schlick und Sand, im Nahegebiete dagegen auf fruchtbaren Kiesboden.

Man baut Roggen, Weizen, Spelz und Gerste und gewinnt befriedigende Erträge. Der obere Theil des Amtes hat wegen der zahlreichen Waldungen mehr atmosphärische Niederschläge, was dem dortigen hitzigen (Kies=) Boden bei seiner geringen Wasserhaltigkeit zu Statten kommt. Die in den letzten Jahren so viel besprochene Kleemüdigkeit hat der Landwirthschaft noch keinen sonderlichen Eintrag gethan und scheint mit dem Wiedereintritt häufigerer atmosphärischer Niederschläge verschwunden zu sein. Außer den Körnern werden an Handelsgewäch=

fen erzeugt: Wein,*) Tabak, Kohlsamen (Raps) und Kleesamen. Flachs und Hanf, welcher letzterer vorzüglich gedeiht, werden nur für den Hausbedarf produzirt, Hopfen vereinzelt, aber mit gutem Erfolg. Der Kartoffel- und Gemüsebau beschränkt sich wesentlich auf den eigenen Bedarf. Die Kartoffel wird, soweit sie nicht in den Haushaltungen verbraucht wird, lediglich zum Viehfutter verwendet und insofern unterstützt durch die sich immer weiter verbreitenden Erdäpfel (Topinambour), welche als vortreffliches Mastfutter gelten und auch von den Pferden gern gefressen werden.

Die lange vernachlässigten Wiesen, welche fast überall die Thäler einnehmen, werden jetzt von Jahr zu Jahr pfleglicher behandelt; namentlich sind die kunstmäßigen Bewässerungsanlagen in beständiger Zunahme begriffen.

In der Regel tritt der Glan beim Abgang des Schnees über seine Ufer, überfluthet die Wiesen und düngt sie mit dem zurückbleibenden fetten Schlamme, so daß die Glanwiesen in der Regel ohne Weiteres die besten Erträge liefern. Allein die letzten trockenen Jahre haben doch gezeigt, daß der Kunstbau auch hier nicht zu entbehren ist, wenn man die allerdings gewöhnlichen reichlichen Erträge regelmäßig erzielen will.

§. 2. Viehzucht.

Die größte Beachtung verdient die Rindviehzucht und die im Amte heimische weitbekannte Glanrace, welche auch unter dem Namen birkenfelder Race bekannt ist, indem man auf dem birkenfelder Markte schöne Zug- und Mastochsen dieser auch in dortiger Gegend verbreiteten Race zu kaufen pflegt. Die eigentliche Heimath der Glanrace ist das Glanthal mit seinem Flußgebiete, wo nur Vieh dieser Race gehalten und gezüchtet wird.**)

---

*) Im Ganzen nehmen die Weinberge (namentlich die südlichen Hänge des Glan- und Lauterthales) eine Fläche von 600 Morgen ein und geben einen durchschnittlichen Ertrag von cirka 4000 Ohm. Wein bester Qualität wird bis zu 400 Thlr. das rheinische Stück bezahlt.

**) Wir legen hier die vortrefflichen Mittheilungen des Physikats-Thierarztes Schäfer zu Meisenheim zu Grunde (siehe Jahrgang 1862 S. 272 u. flg. der Zeitschrift des landwirthschaftlichen Vereins für Rheinpreußen) und glauben, daß es keiner besonderen Rechtfertigung bedarf, wenn dieser für die Hebung der Viehzucht in der Rheinprovinz hochwichtige Gegenstand mit besonderer Ausführlichkeit besprochen worden ist.

Die Glanrace ist ein Rindviehschlag mittlerer Größe, deren Gewicht zwischen 400 bis 600 Pfund bei Kühen, und 700 bis 1000 Pfund bei Ochsen variirt.

Signalement und charakteristische Kennzeichen dieser Race sind folgende: Das Vieh ist in der Regel von gelber Farbe und zwar in verschiedenen Abstufungen von weiß bis dunkelgelb, mitunter auch braun oder ganz weiß. Letztere Farbe ist besonders beim Arbeitsvieh weniger beliebt. Thiere mit Abzeichen sind selten. Die Haut ist mittelmäßig dick, zart und locker mit den unterliegenden Theilen verbunden. Der Kopf ist ziemlich stark, mit breitem Flozmaul und kräftigen Hörnern, in der Regel aufwärts stehend, mitunter aber auch flach, selbst abgebogen. Die Augen sind groß mit lebhaftem, freundlichem Blick. Der Hals ist kräftig und breit mit starker und tief herabhängender Wamme. Die Brust tief und weit. Die Rippen voll und gut gewölbt. Der Rücken gerade und breit. Kreuz und Hüften desgleichen, weshalb Schwergeburten selten vorkommen. Der Schwanz hochangesetzt und dünn. (Bei alten, schon oft gekalbten Kühen kommt es hier — ebenso wie bei anderen Racen — vor, daß sie in der Schaamgegend etwas stark eingefallen sind.) Die Beine sind gerade, mit feinen Knochen und vollen muskulösen Schenkeln, vorn nieder, hinten voll und gut gehost. Das Euter ist beim Melkvieh groß, mit dicken, stark gewundenen Milchadern versehen. Im Ganzen zeichnet sich das Glanvieh durch eine schöne, wohlgebildete Gestalt, kräftigen, gedrungenen Bau mit abgerundeten und gut proportionirten Formen aus, so daß dem Kenner sofort klar wird, daß er hier eine Race vor sich hat, die für eine gute Rindviehzucht vorzüglich geeignet ist, indem sie nicht bloß für einzelne Leistungen qualifizirt ist, sondern die Haupt-Nutzungszwecke, also die **Milchergiebigkeit, Mastungsfähigkeit** und **Arbeitsfähigkeit in merkwürdiger bei keiner andern Race in demselben Maße vorhandenen Weise in sich vereinigt.** Im frischmelkenden Zustande gibt eine mittelmäßige Glankuh 14 bis 18 Litres Milch, während vorzügliche Thiere bis 25 Litres geben. Dabei halten sie sich auf dieser Höhe ziemlich lange und stellen sich erst wenige Wochen vor dem Kalben trocken. In der Zeit der stärksten Milchsekretion magert das Glanvieh ab, wird aber, wenn die Trächtigkeit vorschreitet, wieder schnell fett.

Die **Mastungsfähigkeit** dieser Race ist allgemein anerkannt. Schon der gedrungene, breite Körperbau bei seinem Skelett, die vollen abgerundeten Formen lassen ihre besondere Qualifikation zur Mast leicht erkennen. Diese Neigung zur Fleisch- und Fettbildung ist übrigens auch bei den jungen, noch wenig entwickelten Thieren in hohem Grade vorhanden. Dabei ist das Fleisch von gemästetem Glanvieh sehr zart und kräftig. Die Arbeitsfähigkeit dieser Race ist gleichfalls aus der kräftig gebauten Gestalt, den geraden, gut gestellten Extremitäten und den leichten Bewegungen auf den ersten Blick zu erkennen.

Die landwirthschaftlichen Arbeiten im Glanthale, die wegen des gebirgigen Terrains sehr beschwerlich und anstrengend sind, werden theilweise mit den schönen Ochsengespannen dieser Race verrichtet; die ärmere Klasse bedient sich der kräftigen K ü h e zum Ackerbau. Hunderte von 1 bis 1¹/₂ jährigen Ochsenrindern werden im Herbst und zu Anfang des Winters von den israelitischen Händlern aufgekauft und nach dem Hunsrücken, der Eifel, der Mosel, dem Niederrhein, Holland und Frankreich gebracht, woselbst sie theils verkauft, in den meisten Fällen jedoch gegen ältere Ochsen vertauscht und schon im nächsten Frühjahre zur Arbeit verwendet werden. Sie bleiben dort zwei bis drei Jahre und werden dann von den Händlern ausgeführt (nicht selten auch in's Meisenheim'sche wieder zurückgebracht), um noch 2 bis 3 Jahre zur Arbeit verwendet und dann an die heimischen Mäster abgegeben zu werden.

Häufig sieht man unter den oben beschriebenen Transporten von Ochsenrindern, welche aus Meisenheim ausgeführt werden, einzelne Stück Zucht- (Kühe und Faffel-) Rinder, so daß man auch auswärts nicht selten einzelne schöne Exemplare reinen Glanviehes findet.*)

---

*) Auf Veranlassung der königlichen Regierung zu Trier besuchen die Landwirthe dieses Bezirks immer häufiger diejenigen Viehmärkte jener Gegend, wo junge Kühe (R.) und Faffelrinder (St.) dieser oder der ebenfalls vortrefflichen St. Wendeler Race, welche mit schweizer Vieh gekreuzt ist, zu kaufen sind. Dies sind — abgesehen von den meisenheimer Märkten — besonders folgende:

Namen des Ortes	Der Markt fand statt im Jahre 1866
zu Baumholder	den 24. Juli (R. und St.)
„ Breungenborn	„ 27. Sept. (R.)
„ St. Wendel	„ 26. Juli,
	„ 6. Septbr. und
	„ 22. Oktbr. (R.)
„ Kusel	„ 14. August (R. und St.)
„ Quirnbach	„ 24. August (R. und St.) — der Vormarkt am 29. ist am wichtigsten.
„ Wolfersweiler	„ 14. August (R. und St.)

Eine gute Glanfuh kostet je nach Gewicht, Güte und Schönheit 65 bis 100 Thaler; ein 2jähriger, schöner Bulle zwischen 60 bis 80 Thaler, und ein Paar ausgewachsener Ochsen, fuhrmäßig gefüttert, je nach Gewicht 150 bis 230 Thaler.

Was die **Fütterung** und **Pflege** anbelangt, so geht das meiste Vieh in den Landorten nach der Grummeternte täglich einige Stunden auf der Weide, während der übrigen Zeit bleibt es in der Regel im Stalle. Der Vorrath an Heu pflegt nicht groß zu sein; derselbe ist hauptsächlich für das **Arbeitsvieh** bestimmt, während sich das Melk- und Jungvieh mehr mit Stroh begnügen muß. Außerdem erhält das Vieh im Herbst und zu Anfang des Winters gestoßene Weißrüben und später Runkelrüben, welche mit Spreu und Häcksel gemengt werden. Im März oder April wird dann die massenweise gebaute Runkel durch die Topinambour ersetzt, die theils roh, theils gekocht gegeben wird.

Mit Letzterer füttert man zugleich Grünfutter, zu welchem Zwecke man das sogenannte „Graskorn" baut. Zu dem Ende wird in fette Thaläcker (in der Regel in solche, die für das nächste Jahr zum Runkelrübenbau bestimmt sind) Roggen gesäet, der im Frühjahre früh abgeschnitten und mit Stroh zusammen dem Rindvieh gegeben wird. Manche füttern auch Wiesengras, das in feuchten fetten Wiesen zu dieser Zeit schon reichlich zu finden ist.

Alsdann kommt endlich die Zeit der Kleefütterung, mit deren Eintritt alle Fütterungssorgen ein Ende zu haben pflegen. Denn der Klee, und namentlich seit den trockenen Jahren der Luzerner (ewiger Klee), ist sehr verbreitet. Später folgt der sogenannte deutsche Klee und nach diesem die Esparsette (schwedischer und Inkarnatklee wird wenig gebaut), dagegen häufiger sogenanntes Aeßfutter (Wicken und Hafer) ebenfalls zur Grünfütterung.

Das gemischte Getränk, welches nur das Melk- und Mastvieh erhält, besteht aus Kartoffelabfällen (der Kartoffelbau hat seit Auftreten der Krankheit sehr abgenommen) im Sommer und Herbst unter Zusatz von gekochten Runkelrüben-Blättern oder Runkelrüben, später Erdäpfeln, mitunter mit einer Beigabe von Oelkuchen oder Kleien, selbst von etwas Schroot.

Die Kälber erhalten meistens nur während der ersten 14 Tage die Muttermilch an der Kuh. Dann werden sie entwöhnt und bekommen nur noch die Hälfte der Milch mit Wasser vermischt, unter Zusatz von eingeweichtem Kuchen oder Wecke; später erhalten sie Dickmilch mit Zusatz von etwas Weizenmehl oder Kleien, auch gequelltem Korn oder Weizen.

Das Anfangs enge Glanthal verbreitert sich bis Meisenheim, wo außerdem mehrere bedeutende Nebenthäler münden, so daß hier die Wiesenfluren größer sind und also auch die Heuernte reichlicher ausfällt. Daher erklärt es sich, daß man hier größeres und stärkeres Vieh, als am obern Glan findet.

Im Uebrigen sehen wir aus Vorstehendem, daß bei der Fütterung, Aufzucht und Verpflegung dieser vortrefflichen Viehraçe in der Hei=math derselben durchaus keine besondere Aufmerksamkeit verwendet wird; um so leichter ist es, sie zu verpflanzen. Wo dies bisher in der Pfalz, Rheinhessen, Nassau, Birkenfeld, Rheinpreußen und den angrenzenden französischen Departements geschehen, ist man überall mit ihrer Konstanz wohl zufrieden.

Von Kreuzungen, wie man sie in der birkenfelder und St. Wen=deler Gegend mit dem schweizer Vieh angewendet hat, will man am Glan nichts wissen. Man sucht vielmehr die Raçe mit ängstlicher Sorgfalt durch Inzucht zu heben und verfährt daher auch bei Auswahl der Zuchtstiere mit strenger Sorgfalt und Gewissenhaftigkeit. Der Glanbauer weiß, daß er dem Glanvieh seinen Wohlstand verdankt, und deshalb gilt bei ihm noch heute der in seiner Gegend uralte Reim:

„Die Narren und Gecken
Kaufen die Schecken."

Nicht verwechseln darf man übrigens das Glanvieh mit der bei Kirchheimbolanden heimischen donnersberger Raçe.

In der Farbe sind sich beide Raçen allerdings ziemlich gleich, jedoch ist bei der donnersberger die weiße Farbe vorherrschend. Dagegen sind sie hinsichtlich ihrer körperlichen Beschaffenheit sehr verschieden. Das donnersberger Vieh hat nicht den gedrungenen Körperbau, der das Glan=vieh charakterisirt, sondern ist höher gestellt, hochbeiniger und knochiger, von gröberem Skelett und weniger abgerundeten Formen; Rücken und Kreuz schmal, hinten im Bug leer und eingeschnürt (gegürtet), die hin=teren Füße häufig kuhhessig gestellt.

Das donnersberger Vieh ist schwerer als das Glanvieh, steht aber diesem an Mastungsfähigkeit — namentlich was das Jungvieh anbe=

langt — nach. Kreuzungen zwischen diesen beiden Raçen, wie sie an der Alsenz und Münster häufig vorkommen, liefern kräftige Fuhr- und Mastochsen, die im Handel beliebt sind.

Neben der Rindviehzucht ist die Schweinezucht und der Schafhandel von Bedeutung.

Tit. II.
Handel, Gewerbe und Industrie.

Beim Rückblick auf die Zeit, in welcher das ganze Gebiet des Glans dem Herzogshause von Pfalz-Zweibrücken angehörte, fällt als Ausgangspunkt in unseren Geschichtskreis die Thatsache, daß in seltener Ausnahme eine breite, mit stattlichen, jetzt noch in Ueberresten vorhandenen Obstbäumen versehene gepflasterte Straße von Zweibrücken über Meisenheim bis zum Luftschlosse Moschel-Laudsberg führte, die zwar zunächst die Bestimmung hatte, den Verkehr dieser hohen Herrschaften von und nach ihren Schlössern zu erleichtern und angenehmer zu machen, die aber auch zugleich dem allgemeinen Verkehre Vortheile barbot, wie sie in damaliger Zeit nur selten sich fanden.

Eben diese Straße brachte aber mit dem Einbruche der französischen Revolutionsheere über das schöne und glückliche Land namenloses Unglück. Von da ab verschwand ihre friedliche Bestimmung und eine kriegerische trat an deren Stelle, welche die Aussaugung der Gegend durch beständige Einquartirung und deren Belastung mit schweren Schulden verursachten, zugleich aber auch den Ruin der Straße selbst, die früher sorgfältig unterhalten, dann aber vollständig vernachlässigt wurde, zur Folge hatte. Diesem Unglück, an dem heute noch manche Gemeinden kränkeln, folgte ein zweites, nach Festsetzung der französischen Herrschaft auf dem linken Rheinufer; es war begründet in der Eintheilung des Landes in Departements: man zerriß das Glanthal (nach dem Laufe des Flüßchens) in zwei Theile, wovon der eine dem Donnersberger und der andere dem Saar- und Moselbepartement zugewiesen wurde.

Eine dritte Kalamität bestand nach der Vertreibung der Franzosen darin, daß bei den wahrscheinlich der Departementaleintheilung folgenden Landzutheilungen, welche verschiedenen hohen Landesherren zur Entschädigung ꝛc. ꝛc. in Folge des wiener und pariser Friedens gemacht wurden, das Glangebiet von seinem Ausgang bis fast zu seinem Anfang zu Grenzgebiet, und damit zu todtem Land gemacht wurde. Zu den größten Wohlthaten des dem französischen gefolgten deutschen Regiments gehört ohne Zweifel in erster Reihe die Sorge für gute Straßen und Verkehrswege, welche sich überall geltend machte. Nur die Bewohner des Glanthals, besonders diejenigen des untern Theils, wo drei Grenzausläufe den Glan berühren, mußten zusehen, daß diese Fürsorge sich überall dem Binnenlande, das sie umgab, mit besonderer Vorliebe zuwandte, die Grenzbezirke aber unbeachtet ließ und dadurch den tiefsten Verfall der Wege (von Straßen war keine Rede) und des Verkehrs selbst begründete. Die Wege im Glanthal waren, und mit Recht, so verrufen, daß fast kein fremder Fuhrmann oder Kutscher mehr zu bewegen war, seine Person und sein Fuhrwerk in demselben auf's Spiel zu setzen. Die Gegend wurde immer öder und verlassener, bis man endlich ihrer ganz und gar vergaß, so daß man sie außerhalb als ein zweites Sibirien bezeichnete. Endlich, zu Anfang der dreißiger Jahre, wurde im landgräflich hessischen Oberamt Meisenheim Hand an die Verbesserung dieses Zustandes gelegt und königlich bayerischer Seits schloß man sich langsam an, um wenigstens eine taugliche Straße zum Rhein zu gewinnen; allein die Sache gedieh nicht weiter, als bis zur rehborn-obernheimer Gemarkungsgrenze. Hessen-Homburg setzte indessen einige Jahre später seine Anstrengungen fort, indem es von der obernheimer Gemarkungs- bis zur preußischen Landesgrenze bei Oberstreit eine neue schöne Kunststraße zum Anschluß an die zum Rhein führende königlich preußische Straße erbaute und ihr eine beide Ufer verbindende monumentale Brücke über die Nahe folgen ließ. Der in der Gemarkung Obernheim liegende Theil der alten Glanstraße blieb bis in der allerneuesten Zeit in seinem bisherigen Zustand, jedoch war man bedacht, ihn durch Reparaturen einigermaßen fahrbar und durch Barrieren sicherer zu machen.

In den vierziger Jahren kamen endlich auf hessen-homburgischem Gebiet thalaufwärts schöne Kunststraßen zu Stande, und königlich bayerischer Seits kam man (insoweit nicht dasselbe geschah) durch Herstellungsarbeiten dergestalt zu Hilfe, daß dem Aufleben des Verkehrs ein wesentliches Hinderniß nicht mehr im Wege stand, zumal auch königlich preußischer Seits durch Unterhaltungsarbeiten und Neubau dem Bedürfniß Rechnung getragen wurde. Damit brach für das in Trostlosigkeit verfallene Gebiet eine neue Aera an; die lange unterbrochene Herstellung von Wegen kam nun wieder in Fluß und wenn sie auch der Natur der Sache nach einen langsamen Gang der Entwicklung nahm, so war derselbe doch stetig und wurde bald als ein gedeihliches Moment bemerkbar. Einen neuen erheblichen Impuls bekam sie durch Erbauung der Rhein-Nahebahn, der sich der Verkehr des fraglichen Gebietes bei der hessen-homburgischen Station Staubernheim anschloß. Derselbe nahm seitdem immer größere Dimensionen an und erhob sich zu einer ungeahnten Lebhaftigkeit.

Die Fahrpost-Verbindungen nach dieser Eisenbahn mußten, um einigermaßen zu genügen, schon verdreifacht, und diejenigen, welche sich nach aufwärts bewegten, verdoppelt werden; neue Eisenbahn-Bedürfnisse erzeugende Geschäfte kamen auf. Mehrere große Glanmühlen verwandelten sich in Fabriken für Mühlenprodukte, Schneidemühlen wurden mit andern verbunden, neue Gypsmühlen trugen erheblich zur Vermehrung des Gütertransports bei, und die Geschäfte in Pulverdünger nahmen großen Aufschwung u. s. w. Hierdurch wurde dem blindesten Auge klar, daß das Verkehrsleben in dem von der stets treu gebliebenen Natur reichgesegneten Glanthale großer Entwicklung fähig sei und nur das Mittel einer ihm unmittelbar zu Gebot gestellten Eisenbahn zu seiner vollen großartigen Entfaltung noch fehle. Die Aussicht, welche sich hierzu in der Landstuhl-Kuseler Zweigbahn eröffnete, wurde daher im ganzen Thal mit einer überraschenden Lebhaftigkeit aufgegriffen.

§. 1. Städtische Gewerbe und Industrie.

In der eine starke Meile vom Bahnhofe Staubernheim entfernten Ober-Amtsstadt Meisenheim (welche den Centralpunkt für den ganzen Verkehr im untern Glangebiet bildet) bestehen 2 Apotheken, 2 Buchdruckereien, 1 Buchhandlung, Zeugfärber- und Druckereien, mehrere Lohgerbereien, 2 große Mahl- und Oelmühlen, mehrere größere, hauptsächlich für den Export arbeitende Bierbrauereien, viele Kramläden und einige größere, die Zwischenverkäufer weithin nach Norden, Westen und Süden mit allem Bedarf versehende Handelsgeschäfte in Kolonialwaaren ꝛc. ꝛc. Außerdem wird Großhandel in ausgedehnter Weise getrieben in Produkten der Landwirthschaft (namentlich Getreide und

Sämereien), der Viehzucht (besonders Milch= und Schlachtvieh, auch viele Schweine und gemästete Schafe).*) Alle auf den ausgedehnten Jagdgebieten bis zur Mosel und Saar gewonnenen Rauhfelle, auch die Schaf= und Geißfelle werden hier zusammengebracht, um im Ganzen nach den Messen geführt, oder an auswärtige Fabrikanten abgesetzt zu werden. Ebenso verhält es sich mit den Zickelfellchen, die zu Hunderttausenden auf= gehäuft und an die französischen und belgischen Handschuhfabrikanten verkauft werden. Die Garten= und Obstzucht ist bedeutend; ein sehr beschäftigter Kunst= und Handelsgärtner ist Beidem förderlich. Auch der Export von Kleesamen und Tabak gewinnt immer größere Bedeutung. Die sogenannten städtischen Gewerbe sind bis einschließlich eines Mecha= nikers und Optikus vertreten.

Meisenheim hat 4 Krammärkte, allwöchentlich Fruchtmarkt und 10 bis 12 Vieh= (wesentlich Schweine= und Schaf=) Märkte.

Das dortige Postamt beschäftigt 3 Beamte und 2 Brief= und Packträger, und schickt täglich 3 Postwagen zur Rhein=Nahe=Eisen= bahn nach dem Bahnhofe Staubernheim und 2 in der Richtung nach Kaiserslautern (zur bexbacher Bahn), Kusel ꝛc. ꝛc.

Meisenheim, welches zur Zeit der pfalz=zweibrückischen Herrschaft der Sitz eines Oberamtes im vollen Sinne des Wortes war, ist noch immer — trotz aller Wandelungen, die es seitdem hat über sich er= gehen lassen müssen — die Metropole der ganzen Umgegend bis weit in die bayerische Pfalz und in den Kreis St. Wendel hinein, viel we= niger nach der östlichen und nördlichen Seite hin, wie sich schon daraus ergibt, daß ebenso wie in neuester Zeit schon bald nach der Vereinigung des Oberamtes mit Preußen, Stimmen aus dem jetzt zum Kreise St. Wendel gehörigen Kanton Grumbach sich für die Vereinigung mit dem Oberamte zu einem Kreise erhoben haben.

Meisenheim und manche andere dazu gehörigen Orte sind besonders für den Geldverkehr der ganzen dortigen Gegend von großer Bedeu= tung. Hier kann bei der noch immer mäßigen Nachfrage der solide Mann zu jeder Zeit mit Leichtigkeit Geld gegen billige Zinsen auf ein= fachen Schuldschein mit etwa der Bürgschaft eines Verwandten oder Nachbarn haben, so viel er bedarf. In diese Lage ist die Stadt durch

---

*) Der Umsatz auf den circa 200 Viehmärkten Meisenheims und der Pfalz ist enorm (für Kusel und Quirnbach allein schätzt man ihn auf 1 Million Gulden).

frühere gute Zeiten und die heute noch nicht verlorene Sparsamkeit der Altvordern versetzt worden.

Fabriken und industrielle Etablissements haben — in Ermangelung einer Eisenbahn — in Meisenheim noch nicht Fuß fassen können. Die früher gemachten Versuche mußten scheitern, denn wie jetzt die Eisenbahn, so fehlten damals die guten chaussirten Straßen welche, wie oben bemerkt, erst ein Produkt der Neuzeit sind.

An gelehrten Anstalten besitzt Meisenheim nur eine Lateinschule mit 3 Lehrern.

Der ansehnlichste Flecken des Oberamtes ist Merxheim, wo man einen Arzt und Apotheker und seit Anfang dieses Jahres auch eine Postexpedition 2. Klasse findet. Außerdem sind dort 4 große Mahl- resp. Oelmühlen und zwei kleine oberschlächtige Mühlen vorhanden. Auch findet man in mehreren Orten (darunter Meisenheim) kleine Brennereien für Steinobst und Weintrester. Bierbrauereien sind 2 (in den Landgemeinden) vorhanden.

Die Kaltbrennereien und der Mühlenbetrieb in der Gemeinde Medard, sowie die Steinbrüche in einzelnen Gemeinden beschäftigen viele Leute. Die in den Gemarkungen von Staudernheim und Hoppstädten befindlichen Brüche liefern große Quantitäten bearbeiteter und roher Quaderstein per Achse und mittelst Eisenbahn nach dem Niederrhein, an die obere Nahe und in andere Gegenden. Sandsteinplatten von großer Schönheit, Dauerhaftigkeit und allen gebräuchlichen Dimensionen werden in mehreren Gemarkungen gewonnen, finden aber ihres großen Gewichtes wegen bisher nur in der Nachbarschaft Absatz. In Hundsbach sind 2 Ziegelbrennereien von ausgedehntem Betriebe.

Sämmtliche Ortschaften des Oberamtes sind gepflastert, die durchziehenden Bäche mit Mauerwerk und Geländer eingefaßt. Die Ortschaften sind theilweise kanalisirt An Trinkwasser ist nirgends Mangel.

Die vorhandenen Kirchen, von denen 2 neugebaut und 2 andere neu bis unter Dach geförbert sind, befinden sich, bis auf eine, beren Neubau projektirt ist, in gutem und theilweise sogar in sehr gutem Zustande. Ebenso verhält es sich mit den Pfarr- und Schulhäusern (in welchen Letzteren die Lehrer — mit geringer Ausnahme — wohnen) und mit den in den meisten Ortschaften vorhandenen Gemeindehäusern. Mit guten Brandspritzen — meist neuen — sind alle Ortschaften versehen. Die Wohnhäuser sind fast durchgehends gut und gesund, darunter sehr viele neu und schön. In neuerer Zeit wird bloß noch in Mauerwerk gebaut.

§. 2. Aus- und Einfuhrartikel.

1) Ausfuhrartikel.

Im Lauterthale bei Kreimbach werden Melaphirsteine gebrochen, die zu Pflaster- und Straßenmaterial verwendet werden. Bei Lautereden findet man ein großes Sandsteinlager, welches Steine von jeder Dimension und so ausgezeichnetem Korn liefert, daß die feinsten Bildhauerarbeiten daraus gefertigt werden können, und auch bereits wirklich gefertigt worden.

Bei St. Julian befinden sich vortreffliche Plattsteine von beliebigem Umfange von 3 bis 5 Zoll Stärke, die sich nicht allein für Hausfluren und Küchen, sondern auch für Gerbergruben eignen.

Im Lauterthale bei Wolfstein, Lauterecken, Rothselberg, Jeckenbach, Oberweiler im Thal und Horschbach, ferner im Glanthal bei Mebard gewinnt man guten hydraulischen Kalk. Die sogenannten falschen Kalksteine, welche man jetzt zu Cement verarbeitet, sind in unerschöpflicher Menge vorhanden. In der Nähe von Kaiserslautern werden die Steine gebrochen, welche die Achatschleifereien im Nahethale bei Oberstein zum Schleifen ihrer Fabrikate verwenden. Diese Steine sind größer und stärker als Mauersteine.

Im Uebrigen sind noch als **Ausfuhrartikel** hervorzuheben: Körnerfrüchte aller Art excl. Hafer; Wein in großer Menge und zunehmender Güte, Bier, Branntwein, Tabak, Kohlsamen (Raps), Kleesamen aller Art, Milch-, Zug-, Mastvieh und Schweine in großer Zahl, in günstigen Jahren auch Kern- und Steinobst und viele Blumen.

2) Einfuhrartikel.

Einfuhr findet in all den vorbezeichneten Artikeln nicht statt, soweit es sich um Konsumtion handelt. Im Uebrigen besteht dieselbe nur in den gewöhnlichen Bedarfsartikeln einer einfachen aber wohlhabenden, überwiegend ländlichen Bevölkerung. Namentlich heben wir hervor den von der Mosel und dem Rhein kommenden, als Dünger dienenden Gyps, Dachschiefer (vom Hochwalde), tannenes Bauholz (vom Schwarzwald resp. Rhein), circa 1 Million Centner Steinkohlen (von der Saar).

§. 3. Handelsstraßen und Eisenbahnprojekte (Glanbahn).

Die über Meisenheim zur Nahe-Eisenbahn gewiesene Bevölkerung im Glangebiet (2 Stunden aufwärts und 1 Stunde abwärts von Meisenheim) beträgt mehr als 18 000 Seelen. Nimmt man aber an, daß von Meisenheim aus auf mindestens 4¹/₂ Stunden aufwärts aller Verkehr des Glan- und Lautergebietes, welcher eine Eisenbahn sucht, sich der Nahe-Bahn auf der Station Meisenheim bald zuwenden würde, so ist derselbe auf mindestens 45 000 Seelen zu veranschlagen.

Die nächste Wasserstraße ist der Rhein, in welchen die nur an ihrem Ausflusse schiffbare Nahe mündet.

Das Oberamt wird an seiner nordöstlichen Grenze von der das Nahethal verfolgenden Rhein-Nahe-Eisenbahn berührt und hat einen Bahnhof (Staubernheim) auf seinem Gebiete, welcher vermittelst einer über die Nahe führenden, massiven Brücke und eines chaussirten Weges mit der Stadt Meisenheim, die man mit der ordinären Post in 1¹/₄ Stunde erreicht, verbunden ist. Im Süden ist der Bahnhof zu Kaiserslautern der nächste Anschlußpunkt.

Von den Seitens der bayerischen Staatsregierung projektirten Eisenbahnen, welche die Belebung des Verkehrs in der Pfalz bezwecken, sind (freilich nur im entfernten Interesse des Oberamtes) zu erwähnen:

a) die Linie Landstuhl-Kusel,

b) Kaiserslautern-Winnweiler, Kreuznach — Kirchheim, Alzei-Mainz mit einer Zweigbahn, die von Alzei auf Monsheim — Dürkheim, Neustadt-Worms führen soll.

Nachdem bereits beschlossen worden ist, die von Alzei kommende sogenannte Alsenz-Bahn bei Kreuznach in die Rhein-Nahe-Bahn münden zu lassen, wird es nun darauf ankommen, im Interesse von Kusel, Meisenheim und des Kreises St. Wendel die schon im Bau begriffene bayerische Linie Landstuhl-Altenglan-Kusel von Altenglan aus durch das Glanthal bis Staubernheim an die gedachte Rhein-Nahe-Bahn fortzuführen.

In dieser Voraussetzung hat sich die hessen-homburgische Regierung bereits beim Bau der Rhein-Nahe-Bahn den Anschluß einer solchen Bahn in der Nähe von Staubernheim (an der Mündung des Glan) vorbehalten.

Eben so günstig sind die Stipulationen des im Jahr 1866 zwischen Preußen und Bayern abgeschlossenen Friedensvertrages diesem Unternehmen, zumal eine weitere dritte Regierung jetzt nicht mehr gehört zu werden braucht, das Glanthal selbst aber zum allergrößten Theile unter bayerischer Hoheit steht. Deshalb ist benn auch von der bayerischen Regierung bereits Bedacht genommen worden, daß der jetzt im Bau begriffene Bahnhof zu Altenglan nicht blos den Verkehr auf der künftigen Nebenbahn nach Kusel, sondern auch den Verkehr auf der Hauptlinie Meisenheim = Staubernheim vermitteln soll, indem die Bahn unmöglich auf längere Zeit in Kusel abschließen kann, die in Aussicht genommene Fortsetzung über Thallichtenberg und Freisen oder über Baumholder [?] auf Türkismühle erst dann einige Aussicht auf Erfolg hat, wenn die Ausführung der Hochwalds= bahn (zwischen Türkismühle und Trier) gesichert sein wird. Dazu ist aber für jetzt erst geringe Aussicht vorhanden; ebensowenig haben Vorermittelungen auf dem sehr koupirten Terrain zwischen Kusel und Türkismühle bisher stattgefunden und sind — unseres Wissens — noch nicht einmal die dazu erforderlichen Geldmittel flüssig gemacht worden. Viel günstiger liegt das Glanthalprojekt, für welches man sich in Kusel und namentlich in Meisenheim lebhaft interessirt. Das meisenheimer Komite hat nämlich die Vorermittelungskosten schon vor einigen Jahren mit Leichtigkeit zusammengebracht und wird die durch die Kriegsunruhen ins Stocken gerathenen Verhandlungen in nächster Zeit wieder aufnehmen, um bei den beiden betheiligten Regierungen 1) die Erlaubniß zur Vornahme der Vorermittelungsarbeiten auszuwirken, 2) vorläufige Aktienzeichnungen bis zum Betrage von 100 000 Gul= den zu veranlassen.

Das mit fast gleichem Gefälle sanft sich neigende Glanthal bietet auf der ganzen zwischen Altenglan und Staubernheim belegenen, cirka 4 Meilen langen Strecke keine Schwierigkeiten dar. Keine in Be= tracht zu ziehende Tunnel, nicht einmal ein bedeutender Durchstich und nur eine größere Brücke (über die Nahe bei Stau= bernheim) ist erforderlich. Dabei ist gutes Baumaterial (Steine, Holz, Kalk, Kies u. s. w.) in der Nähe reichlich vorhanden.

Wenn also die manche nicht unbedeutende, örtliche Schwierigkeiten darbietende Landstuhl=Kuseler Bahn nur zu 445 000 fl. pro Meile ver= anschlagt worden, und auch dieser Betrag, wie sich jetzt schon mit ziemlicher Bestimmtheit absehen läßt, nicht einmal vollständig erforder= lich sein wird, so dürfte die Meile der Glanbahn kaum 400 000 im Ganzen also etwa $1^{1}/_{2}$ Million Gulden = 857 143 Thlr. kosten.

Gelingt aber jene vorläufige Aktienzeichnung, so dürfte die Di= rektion und der Verwaltungsrath der pfälzischen Ludwigsbahn=Gesell=

schaft,*) welche den Bau und Betrieb der Landstuhl-Kuseler Strecke im Namen der Aktiengesellschaft der pfälzischen Nordbahnen gegen 25jährige Staatsgarantie von 4 pCt. Zinsen (wogegen die Bahn nach 99 Jahren dem Staate unentgeltlich anheimfallen soll) übernommen hat, auch dieses Unternehmen zur Ausführung bringen, weil ihr eigenes Interesse gebieterisch fordert, daß der Bahnbetrieb von Landstuhl bis Staudernheim ihr ausschließlich überlassen bleibt.

Um so zweifelloser wird der §. der Statuten der pfälzischen Ludwigsbahn und der Maximiliansbahn, welcher, wie folgt, lautet: „Unter gleichmäßiger Genehmigung Seiner Königlichen Majestät bleibt der Gesellschaft auch die Errichtung von Zweigbahnen vorbehalten, wo und wie dieselben dem Zwecke des allgemeinen Verkehrs und der Belebung der Hauptbahn angemessen erscheinen" — auch auf die Glanbahn zur Anwendung kommen.

Vor allen Dingen wird man sich also in Meisenheim bestreben müssen, eine Verständigung mit der pfälzischen Ludwigsbahn-Gesellschaft dahin zu Stande zu bringen, daß sie durch ihre Ingenieure die Vorermittelungen auch für die Glanbahn ausführen läßt.

Erst wenn diesem Antrage nicht deferirt werden sollte, würde das meisenheimer Komite sich als selbstständige Gesellschaft zu konstituiren haben.

§. 4. Chausseen und Kommunalwege.

Mit den 2 vorhandenen Staatsstraßen (der Nahe- und Glanstraße) stehen 3 Bezirksstraßen in Verbindung, welche von Meisenheim ausgehen. Die eine derselben, welche das Oberamt der Länge nach durchzieht, führt über Becherbach nach Kirn; die zweite führt quer über Mebbersheim und Merxheim bis zur Nahe, deren voller Ausbau von der Ausführung des schon seit mehreren Jahren ventilirten Projekts einer Brücke über letztere bei Martinstein abhängt. Die dritte geht bis nach dem an der bayerischen Grenze belegenen Kallbache.

---

*) Dieselbe fungirt für sämmtliche in der Pfalz bestehende Eisenbahn-Aktiengesellschaften und hat ihren Sitz zu Ludwigshafen.

An diese Straßen schließen sich die Kommunalwege an, die bis auf wenige, deren Ausbau in nächster Zeit erfolgen soll, bereits kunstmäßig hergestellt sind und — ebenso wie die Staats- und Bezirksstraßen — unter besonderer Aufsicht und Wartung stehen.

Die für den angrenzenden Kreis St. Wendel wichtigste, von Hoppstädten nach Sien und von da über Otzweiler zur Bezirksstraße bei Becherbach führende Straße wird im Oberamte schon im Jahre 1867 fertig werden.

Dritte Abtheilung.

Cap. VI.
Verfassung und Behörden.

Tit. I.
Verfassung.

Die im Jahre 1806 mediatisirte Landgrafschaft Hessen-Homburg, welche 1816 durch Zulegung der Herrschaft (Oberamt) Meisenheim vergrößert ist, wurde nach ihrer Restauration durch Art. 48 der wiener Schlußakte (1815) monarchisch regiert. Die Revolution von 1848/49 brachte eine Landesversammlung zu Stande, welche sich mit der Herstellung einer Verfassung beschäftigte. Die ersten Produkte ihrer Thätigkeit waren die Begründung von Bezirksräthen und die Feststellung einer neuen Gemeindeordnung für die beiden geographisch und durch die Verschiedenheit ihrer politischen Entwicklung getrennten Aemter. Die darüber erlassenen Gesetze batiren beide vom 9. Oktober 1849. Diesem folgte unterm 19. desselben Monats ein Gesetz über Inländer- und Staatsbürgerrecht, und endlich kam eine unterm 3. Januar 1850 landesherrlich vollzogene, gleich darauf verkündigte, aber dem Umfang und der Beschaffenheit des kleinen Ländchens wenig entsprechende Verfassung auf breitester demokratischer Grundlage zu Stande. Sie fand keine praktische Anwendung und wurde durch einen landesherrlichen Erlaß vom 20. April 1852, auf Grund des Bundesbeschlusses vom 23. August 1851 und der ihm vorhergegangenen Verhandlungen wieder aufgehoben. Gleichzeitig wurde das Gesetz über die Bezirksräthe entsprechend modifizirt, dagegen aber das Gesetz über das Inländer- und Staatsbürgerrecht, sowie eine Bekanntmachung vom 19. März 1850 über Erwerb und Verlust dieses Rechtes aufrecht erhalten. Von besonderer Wichtigkeit sind die darin enthaltenen Bestimmungen über die Sicherheit der Person, des Hauses und des Briefgeheimnisses; die Aufhebung der den Menschen entwürdigenden Strafen (bürgerlicher Tod, Pranger, Brandmarkung und körperliche Züchtigung), sowie der Strafe der Vermögenskonfiskation.

Den Bezirksräthen wurden folgende Rechte beigelegt:

1) Die Gesetze, welche bürgerliche Verhältnisse betreffen und nicht dringend erscheinen, sind ihnen vor ihrem Erlaß im Entwurf regelmäßig zur Berathung vorzulegen;

2) sie können um die Vorlage von Gesetzesvorschlägen petitioniren und Vorstellungen und Beschwerden vorbringen;

3) sie haben neben den Verwaltungsbehörden der Aemter über alle Bezirksanstalten zu wachen und ist ihnen daher alljährlich über Gang und Stand derselben Rechenschaft zu geben; auch haben sie

4) das Budget der Bezirkskasse und die Rechnungsüberschläge der Amtsarmen- und Amtswaisen-Kasse im Einvernehmen mit der Staatsregierung alljährlich festzustellen ꝛc. ꝛc. Sie sind berufen zur Entscheidung

5) über die Verbindlichkeit der Gemeinden zu Ausgaben, welche ihnen gegen ihren Willen von der Verwaltungsbehörde angesonnen werden, und über die Zulässigkeit einer von einer Gemeinde beschlossenen, von der Verwaltungsbehörde aber beanstandeten Ausgabe;

6) über Streitigkeiten zwischen Gemeinden hinsichtlich der Frage, ob Ausgaben, für welche keine privatrechtliche Verbindlichkeiten bestehen, im öffentlichen Interesse von einer oder mehreren Gemeinden und in welchem Verhältniß zu tragen sind, und

7) über Rekurse wegen Verweigerung des Gemeindebürgerrechts in den gesetzlich bestimmten Fällen.

Ferner haben sie ihr Gutachten abzugeben:

8) bei Streitigkeiten über Gemarkungsverhältnisse, vorbehaltlich höherer Entscheidung;

9) über Veränderungen in der Bildung und Zusammensetzung der Gemeinden und Bürgermeistereien und über die Bedingungen dieser Maßregeln, so daß ohne diese Begutachtung die Staatsregierung keine Entscheidung darüber treffen kann;

10) sie haben bei der Wahl der Geschworenen und

11) in allen sonstigen durch die Gesetze besonders bestimmten Fällen, entscheidend, begutachtend ꝛc. ꝛc mitzuwirken;

12) endlich sind sie befugt, Anträge, Beschwerden und Gutachten über alle sonstige öffentliche Interessen des Amtsbezirks zu stellen resp. abzugeben.

Der Bezirksrath des Oberamts Meisenheim besteht aus 18 Mitgliedern, wovon der Landesherr — vorzugsweise aus den Civilbeamten und aus den Geistlichen der Landeskirche — 5 ernennt, während die übrigen von den Ortsvorständen des Oberamtes aus den aktiven Gemeindebürgern des Wahl- (Bürgermeisterei-) Bezirks gewählt werden. Ernennung und Wahl findet für die Dauer von je 6 Jahren Statt. Die Bezirksräthe wählen ihre Vorsitzenden und Sekretäre; ihre Sitzungen sind in der Regel öffentlich. Sie werden regelmäßig alljährlich auf höhere Anordnung durch die oberen Verwaltungsbeamten zusammen berufen und haben Letztere an ihren Verhandlungen Theil zu nehmen, um Auskunft und Erläuterung zu geben.

Die beiden Bezirksräthe haben sodann durch je 4 ihrer Mitglieder, die aus ihrer Mitte zu wählen sind, einen Landesausschuß zu bilden, welcher am Regierungssitz unter einem Mitglied der Regierung das Staatsbudget zu berathen hat.

Tit. II.
Behörden.

An der Spitze der Landesverwaltung stand ein Geheimer Rath, der dem regierenden Landgrafen unmittelbar untergeben war und dessen Entschließungen sämmtlich der höchsten Genehmigung unterlagen. — Nach einer Verordnung vom 12. Mai 1817 sollte derselbe aus einem Dirigenten und mehreren Geheimen Räthen bestehen, also ein Kollegium bilden, in dem der Landesherr den Vorsitz führte. Im Laufe der Zeit ist diese Bestimmung faktisch beseitigt worden, indem an die Stelle eines Geheimen Rathskollegiums einfach ein dirigirender wirklicher Geheimer Rath getreten ist, ohne daß die Kompetenz des Geheimen Raths eine Abänderung erfahren hat. Zum Ressort desselben gehörten auch die landgräflichen Haus- und Familien-, sowie die auswärtigen Angelegenheiten.

Dem Geheimen Rath ist eine Landesregierung nachgesetzt, über deren Organisation eine Verordnung vom 18. Februar 1818 folgende nähere Bestimmungen enthält. Sie zerfällt in 3 Deputationen, von welchen der ersten die Justizverwaltung als Appellationsinstanz und als Kriminal-Gerichtshof, der zweiten die eigentliche Landesadministration und der britten die Finanz- und Kameralverwaltung zugetheilt ist. Dieselben haben, jede in ihrem Dienstkreise, alle Geschäfte kollegialisch zu verhandeln; sie versammeln sich jedoch zu einem vollen Rathe oder Plenum.

1) für Sachen, welche das ganze Kollegium als solches betreffen,
2) wenn neue Verwaltungsgrundsätze aufgestellt werden sollen,
3) wenn sonst ein Gegenstand in die verschiedenen Theile der Staats=
verwaltung einschlägt,
4) wenn von der Suspension eines Staatsdieners ohne gerichtliche
Entscheidung die Frage ist, und
5) für andere vorzüglich wichtige Gegenstände nach dem Ermessen
des Präsidenten, niemals jedoch in reinen Justizsachen.

Außer den ordentlichen Mitgliedern sind der zweiten Deputation
noch für geistliche und Schulangelegenheiten, für Gegenstände der Ge=
sundheitspolizei, für Forst=, Jagd= und Bausachen ꝛc. ꝛc. höhere Fach=
beamte als Referenten mit Sitz und Stimme zugetheilt.

Der Landesregierung soll ein Präsident und ein Direktor zu dessen
Stellvertretung vorstehen. Ersterer ist schon seit längerer Zeit faktisch in
Wegfall gekommen und ein Direktor an seine Stelle getreten; er führte
in der 2. und 3. Deputation den Vorsitz; in der 1. der älteste Rath.

Die Landesregierung ist unbeschadet ihrer Unabhängigkeit in Justiz=
sachen dem Geheimen Rath untergeordnet.

In beiden Aemtern ist in unterer Instanz Justiz und Verwaltung
getrennt; für Erstere sind Justiz=, für die andere Verwaltungsämter
bestellt. Für Forst= und Jagdwesen war ein in Abgang gekommenes
Forstamt bestellt.

Cap. VII.
Grundeigenthum.

Tit. I.
Vertheilung des Bodens.

Das landwirthschaftlich benutzte Grundeigenthum gehört in den Landgemeinden mit wenig Ausnahmen ausschließlich den Bauern und werden größere mit den Höfen verbundene Komplexe in der Regel von mehreren Familien bewirthschaftet. In der Stadt Meisenheim findet man nur wenige eigentliche Landwirthe mit mäßigem Grundbesitz; fast alles Grundeigenthum ist mit Ausnahme eines größeren und in einer Hand befindlichen Hofgutes unter den übrigen Einwohnern, bis zu den Taglöhnern herab, vertheilt und wird nebengeschäftlich, meist mit Lohnfuhrwerk und mit Hilfe von Taglöhnern bewirthschaftet.

Die Parzellirung ist im untern Theile, namentlich im Gebiete des Glan und der Nahe, nur eine mäßige. Dagegen ist sie im obern Theile, dem vormaligen Amt Naumburg, in verderblicher Weise vorgeschritten. Sie ist lediglich die Frucht hergebrachter, unwirthschaftlicher Theilungen; jeder Erbe begehrte bisher an jedem Grundstück des Erblassers seinen Antheil, und so ist es gekommen, daß man nicht mehr von Aeckern ꝛc. ꝛc., sondern nur noch von „Stückern" redet. Die Verwerflichkeit und Schädlichkeit dieses Zustandes, zu dem sich überdies noch der Mangel an Flur- und Gewannenwegen gesellt, wird immer lebhafter anerkannt.

Tit. II.
Verkehr mit Grundstücken.

Der Verkehr mit Grundeigenthum ist sehr mäßig und beschränkt sich fast nur auf die wegen Untheilbarkeit von Gemeinschaften, Wohnsitzwechsels und Auswanderung mitunter vorkommenden Versteigerungen. Die Güterpreise sind zu einer solchen Höhe gestiegen, daß die reine Bodenrente auf ein Minimum herabgesunken ist und der Landmann, troß der hohen Erträge der Viehzucht, nur dann noch prosperiren kann, wenn ihm ein dem Bedürfniß entsprechendes Kapital eigener Kräfte zu Gebot steht, was bei der Geringfügigkeit des Einzelbesitzes glücklicher Weise in der Regel der Fall ist.

Tit. III.
Belastung des Grundbesitzes.

§. 1. Reallasten.

Die Belastungen des Bodens mit Grundrenten, so viele deren auch früher als Erbleihrenten und Grundrenten bestanden haben, sind bis auf wenige Reste bereits abgelöst.

§. 2. Servituten.

Servituten sind, wenn man von kleinen Wege- und Wassergerechtigkeiten absieht, nicht vorhanden.

Tit. IV.
Meliorationswesen.

Meliorationen im größern Maßstab sind bisher nicht vorgekommen, wogegen die Kultivirung der Oed- und Wildländereien in neuerer Zeit mit solchem Eifer betrieben worden ist, daß ein Kulturfortschritt nicht mehr weiter auf der Oberfläche, vielmehr nur noch durch Tiefkultur möglich ist, welche Letztere übrigens auch schon von Vielen ernstlich erstrebt wird. Namentlich sind schon mehrere wohlgelungene Drainagen ausgeführt. Ueber den jetzigen Stand des Wiesenbaues haben wir schon an einer anderen Stelle gesprochen.

In einzelnen Gemarkungen sind die Hauptflurwege bereits förmlich chaussirt worden und noch viel mehr sind dazu in Aussicht genommen; nnd das Alles ist geschehen in einem bisher wenig beachteten Winkel deutscher Erde, in dem vor noch gar nicht langer Zeit jeder Wege- und Straßenbau, wie wir schon oben erwähnten, gewissermaßen mit dem Interdikte belegt war! Es ist möglich gemacht ohne große Opfer für die Staatskasse, weil die Bevölkerung ihre Zeit richtig erkannt hat und zu energischem Handeln jederzeit bereit ist, wann und wo es eine einmal als nothwendig erkannte Aufgabe zu lösen gilt.

Tit. V.
Unterstützung für Landeskulturzwecke.

Die der Landeskultur bisher vom Staate gewährte pekuniäre Unterstützung beschränkt sich darauf, daß dem landwirthschaftlichen Verein*) zur Förderung seiner Bestrebungen jährlich 100 fl. aus Staatsmitteln überwiesen worden sind. Diese Subvention ist vor einem Jahre als ständiger Posten in den Staatshaushalts-Etat aufgenommen worden.

Tit. VI.
Konsolidationsfrage.

Um die nach den Erörterungen bei Tit. I. so wünschenswerthe Güterkonsolidation herbeizuführen, hat der schon gedachte landwirthschaftliche Verein es als eine seiner ersten Aufgaben betrachtet, ein Konsolidationsgesetz zu Stande zu bringen, welches weiter unten abgedruckt ist. Man erwartete, daß mit Eifer davon werde Gebrauch gemacht werden, allein an dem tiefwurzelnden, konservativen Charakter des Volkes, mit dem sich noch ein angeerbtes Mißtrauen verbindet, und an dem Mangel einiger gelungenen Beispiele sind bis jetzt alle Anregungen und Ermunterungen gescheitert. Indeß ist alle Hoffnung vorhanden, daß die von der Sonne der Wahrheit schon stark angeleckte Eisrinde bald zur vollen Auflösung kommen werde, wenn bei der im Interesse des Staates, wie des Grundbesitzes gleich dringend erscheinenden und nicht länger aufzuschiebenden neuen Regelung der Grundsteuer resp. der Anfertigung eines neuen Katasters sowohl der Konsolidations- als der Hypothekenreformfrage — in ähnlicher Weise, wie in Nassau längst geschieht — Rechnung getragen wird.**)

---

*) Schon seit dem Jahre 1856 Lokalabtheilung Meisenheim des landwirthschaftlichen Vereins für Rheinpreußen.
**) Siehe Bed: 1) Die Güterkonsolidation in der Rheinprovinz S. 30 u. fflg. Köln bei Eisen 1859. 2) Die nächstens erscheinende Beschreibung des Regierungsbezirks Trier. Band II. Ueber die Hebung des Realkredits.

Cap. VIII.
Gemeindeverhältnisse.

Tit. I.
Gemeindeverwaltung

Die Gemeindeverwaltung beruht auf einem später in einigen Punkten modifizirten Gesetz vom 9. Oktober 1849, welches eine neue „Einrichtung des Gemeindewesens" enthält und aus 56 Artikeln besteht. In demselben handelt

die 1. Abtheilung von der Verfassung und Verwaltung der Gemeinden im Allgemeinen (Art. 1 bis inkl. 20),

die 2. Abtheilung von den Gegenständen der Gemeindeverwaltung im Besondern (Art. 21 bis inkl. 29),

die 3. Abtheilung von dem Gemeindehaushalt (Art. 30 bis inkl. 44),

die 4. Abtheilung von dem Gemeindebürgerrecht (Art. 45 bis inkl. 51),

die 5. und letzte Abtheilung besteht aus transitorischen Bestimmungen (Art. 52 bis inkl. 56).

Als oberster Grundsatz ist angenommen, daß den Gemeinden, insofern nicht die Gesetze Ausnahmen oder Einschränkungen begründen und die Oberaufsicht des Staats einzutreten hat, die selbstständige Besorgung und Verwaltung ihrer Angelegenheiten zusteht. Dieses Recht wird ausgeübt durch den Gemeindevorstand jeder einzelnen Gemeinde, welchen bilden:

1) der Bürgermeister,
2) ein oder zwei Beigeordnete desselben und
3) die Gemeinderäthe, deren Zahl auf 4 bis 12 Mitglieder je nach der Größe der Gemeinden festgesetzt ist und die aus der Mitte der stimm-

fähigen Gemeindeglieder auf 6 Jahre gewählt und zur Hälfte alle 3 Jahre durch Wahl erneuert werden. Ihre Bestätigung steht dem Verwaltungs-Oberamt zu.

Der Bürgermeister, dem eine bestimmte Zahl von Gemeinden unterstellt ist, steht in jeder derselben an der Spitze des Vorstands und wird durch seine Beigeordneten, die zugleich in den einzelnen zugetheilten Orten seine Agenten sind und die örtliche Polizei handhaben, in geeigneten Fällen vertreten.

Die Bürgermeister werden von dem Landesherrn auf Vorschlag der Verwaltungsbehörden bestätigt und ist ihre Amtsdauer auf 6 Jahre festgesetzt, jedoch mit der zur Regel gewordenen Praxis, daß die Bestätigung immer erneuert wird, wenn nicht Dienstuntauglichkeit, unbefriedigende Amts- oder sonstige üble Aufführung entgegenstehen.

Die Beigeordneten bestätigt und ernennt die Regierung auf gleiche Vorschläge und für gleiche Zeitdauer. Der Kassendienst der Gemeinden ist den 4 Steuereinnehmern als Gemeinderechnern übertragen.

Ueber Einnahme und Ausgabe einer jeden Gemeinde hat der Bürgermeister alljährlich einen Voranschlag aufzustellen und ihn den Gemeinderäthen zur Berathung und Beschlußfassung vorzulegen. Seine Festsetzung gehört zur Kompetenz des Verwaltungs-Oberamtes.

Der Gemeinderechner hat jedes Jahr für jede Gemeinde Rechnung zu legen. Dieselbe ist von dem Gemeindevorstand zu prüfen und zu begutachten, von dem eben gedachten Amte aber abzuschließen.

Beim Voranschlag zerfallen, wie in der Rechnung, Einnahme und Ausgabe in 3 Klassen. Zu den Ausgaben der ersten Klasse ist das Gemeindevermögen bestimmt und muß

1) der in die Gemeindekasse fließende Ertrag dieses Vermögens zu den darauf fallenden Lasten verwendet werden. Reicht dieser nicht hin, und wird nicht

2) ein Theil der Substanz des Vermögens selbst unter den gesetzlichen Voraussetzungen dafür verwendet, so wird

3) das Fehlende in jedem Falle nur auf diejenigen umgelegt, welche Gemeindeeigenthum unentgeltlich im Genuß haben, oder Vortheile daraus beziehen, einschließlich der Berechtigungen, welche einzelnen Gemeinden auf fremdem Eigenthum in der Gemarkung zustehen.

Zu der zweiten Klasse der Ausgaben gehören diejenigen für Bedürfnisse, welche zum Nutzen sämmtlicher Einwohner gereichen sollen, insbesondere

1) die Kosten der Verwaltung der Bürgermeisterei ꝛc. ꝛc.,

2) jene zur Erhaltung und Verbesserung des zum gemeinheitlichen Gebrauch dienenden Vermögens, der gemeinheitlichen Anstalten und Einrichtungen ꝛc. ꝛc.,

3) die etwaigen Beiträge zur Armenpflege.

Zur Bestreitung dieser Ausgaben ist das Gemeindevermögen und sodann die Gesammtheit der Gemeindeeinwohner verpflichtet. Es muß daher zunächst die Einnahme aus dem Gemeindevermögen, soweit dies die Ausgaben der ersten Klasse erlauben, sodann nach Umständen ein Theil des Gemeindevermögens auf gesetzlichem Wege verwendet werden. Fehlen diese Einnahmen oder reichen sie nicht aus, so wird das Fehlende auf die Gemeindeeinwohner nach Verhältniß ihrer gesammten Steuerpflicht umgelegt.

Zur dritten Klasse der Ausgaben gehören diejenigen für Bedürfnisse, welche auch zum Nutzen der Ausmärker gereichen sollen oder im allgemeinen (über das bloß Gemeinheitliche hinausgehenden) Interesse liegen, insbesondere

1) die Kosten der Vizinalwege und Brücken, der Feldwege mit Brücken und Stegen, der Gemarkungsgrenzen, Entwässerungsanstalten, Abzugsgräben,

2) der Kriegs- und Landes-Bewaffnungskosten und

3) Zinsen und Kapitalien der Schulden, welche zur augenblicklichen Erleichterung der Beitragspflichtigen zu den unter 1 und 2 bezeichneten Zwecken kontrahirt worden sind.

Zu diesen Ausgaben sind alle Ortseinwohner und Ausmärker nach Verhältniß ihrer Steuerpflichtigkeit beizutragen verbunden. Sie sind in der Regel durch Umlage zu decken, wenn und soweit der Gemeinderath nicht ausdrücklich beschließt, daß sie aus sonstigen (paraten) Mitteln der Gemeinde abgeleistet werden sollen.

Nach dieser Eintheilung sind auch die Einnahmen zu klassifiziren.

Sämmtliche Umlagen zu gemeinheitlichen Zwecken bedürfen der Genehmigung des Landesherrn. Das Verwaltungs-Oberamt hat sie zur öffentlichen Kenntniß zu bringen und können innerhalb 4 Wochen bei der höheren Behörde (Verwaltungs-Oberamt) Beschwerden dagegen vorgebracht werden, vorbehaltlich des Rekurses gegen deren Entscheidung. Die Austheilungs- und Hebelisten hat das Verwaltungs-Oberamt für vollziehbar zu erklären, und für die zwangsweise Beitreibung derselben gelten Vorschriften, welche für zwangsweise Beitreibung der öffentlichen Steuern ꝛc. ꝛc. bestehen.

Auf das Gemeinderecht hat jeder Großjährige Anspruch in der Gemeinde, in welcher er Heimathsrechte besitzt. Heimathsberechtigt ist jeder Inländer in derjenigen Gemeinde, in welcher zur Zeit seiner Minderjährigkeit zuletzt sein Vater das Gemeindebürgerrecht besessen, oder in welcher in Ermangelung dessen, sowie bei unehelichen Kindern, die Mutter den gesetzlichen Wohnsitz gehabt hat.

Der Heimathsberechtigte tritt das Bürgerrecht an, wenn er seinen Namen in das Bürgerregister einer Gemeinde übertragen läßt. Wer das Heimathsrecht in einer Gemeinde nicht besitzt, kann das Bürgerrecht in derselben nur durch besondere Aufnahme erwerben. Inländern, sowie den Angehörigen solcher Staaten, in welchen in dieser Hinsicht die Angehörigen des Landgrafthums den Inländern gleich gestellt sind, darf die Aufnahme als Gemeindebürger nur dann verweigert werden, wenn sie sich entweder nicht im Vollgenuß ihrer bürgerlichen Rechte befinden, oder keinen guten Leumund (auch in ökonomischer Hinsicht) genießen, oder wahrscheinlicher Weise sich und ihre Familie zu ernähren nicht im Stande sein werden. Angehörigen solcher Staaten, in welchen die Angehörigen des Landgrafthums den Inländern in Hinsicht der Erlangung des Bürgerrechts nicht gleich gestellt sind, kann die Aufnahme als Gemeindebürger unbedingt verweigert werden.

Tit. II.
Vermögen und Schulden.

1) Das Vermögen sämmtlicher 25 Gemeinden beträgt nach der nachstehenden Uebersicht rot. 985 000 fl.

Die Werthsansätze für Grundvermögen und fahrende Habe beruhen auf ungefähren (im Durchschnitt sehr mäßigen) Schätzungen.

2) Die Schulden betragen im Ganzen rot. 2700 fl.

§. 1. Tabellarische Uebersicht über Vermögen und Schulhäuser

Laufende Nro.	Namen der Gemeinden.	Ausstände verzinsliche	Ausstände unverzinsliche	Mobilien	Gebäude vermiethet	Gebäude als Besoldung hingegeben	Gebäude zu sonstigem Gebrauch	Landwirthschaftliches verpachtet	Landwirthschaftliches verloost
1	Abtweiler	700	70	797	—	—	1300	50	—
2	Breitenheim	2400	962	1379	—	400	825	1500	—
3	Desloch	—	164	1295	—	—	1200	700	—
4	Jeckenbach	2500	1660	1290	—	—	650	700	—
5	Laujchied	—	145	729	—	—	1000	1200	—
6	Löllbach	1000	87	233	—	500	200	500	—
7	Medard	1900	135	945	—	500	500	1380	—
8	Meisenheim	1000	3161	2971	25	—	5000	1200	—
9	Raumbach	—	372	350	—	—	50	1000	—
10	Schweinschied	5070	105	634	—	3500	3150	800	—
11	Bärenbach	—	82	672	—	6570	4050	—	—
12	Becherbach	—	83	1000	—	3450	8000	500	—
13	Heimberg	—	83	346	—	3250	—	—	—
14	Hoppstädten	—	63	876	—	4800	3250	500	—
15	Hundsbach	—	452	898	—	2175	1650	140	—
16	Krebsweiler	—	80	650	—	4700	1740	40	—
17	Limbach	—	—	748	—	4710	600	790	—
18	Otzweiler	—	48	90	—	600	—	1880	—
19	Bärweiler	—	87	882	—	2450	370	280	—
20	Hochstädten	—	70	731	—	3384	716	100	900
21	Meckenbach	1000	112	688	—	6300	850	3205	—
22	Merxheim	25131	—	1876	—	100	1854	1854	—
23	Kirschroth	2000	105	795	—	1075	—	—	—
24	Meddersheim	17040	933	2188	2520	1800	9833	57952	—
25	Staudernheim	10857	—	1326	—	500	4150	3430	—

§. 2. **Kommunalwaldungen.**

Die Kommunalwaldungen sind eingetheilt in die Forstreviere Meisenheim, Meddersheim und Becherbach.

und Schulden der Gemeinden excl. der Kirchen zu Anfang 1867.

Besoldungs=	Gelände im eigenen Gebrauch	Waldungen.	Kassenbestand.	Summa	Schulden.	Umlagen.	Bemerkungen.
60	30	10000	1088	14095	437	125	Die Schuld ist ein Kapital der Kirche, zu deren Sicherstellung es die Gemeinde übernommen hat.
80	190	10000	829	18565	—	61	
150	500	15000	1806	20815	—	528	Die Umlage wesentlich zum Straßenbau der Gemeinde.
100	200	25000	1177	33277	—	133	
60	500	10000	2627	16261	—	412	Desgleichen.
530	100	14000	1497	18647	—	89	
220	150	9000	1332	16062	—	88	
230	6000	500	1576	21663	—	3115	
—	—	—	361	2133	—	1148	
1400	1200	20000	823	36682	1200	—	Ist ein bloßer Vorgriff, der 1867 getilgt wird.
1835	300	32360	1469	47338	—	—	
1125	1104	58040	2806	76108	—	810	Uml. wesentlich für Straßenbau.
1295	605	27000	1402	33981	—	302	Desgleichen und für Wiesenbau.
2612	925	39620	968	53614	—	88	
630	243	28120	9845	44153	—	275	
960	900	40120	1215	50405	—	100	
3250	7790	92100	3982	113970	—	585	Umlage wie bei Nro. 12.
480	679	1718	1604	7099	—	305	
122	500	4725	1113	10529	—	165	
400	1276	16450	1890	25917	1000	308	Desgleichen wie bei Nro. 10.
2200	930	27600	1835	44720	—	85	
—	3760	15080	2876	52531	—	581	
1562	2000	12000	3254	24791	60	—	Die Schuld ist ein redizirtes Kirchenkapital.
3737	1620	29793	10493	137909	—	—	
1490	605	40000	1176	63534	—	—	
				984799	2697		

Die Material= und Gelderträgnisse dieser Waldungen im Jahre 1865 ergeben sich aus nachstehender Uebersicht der Material= und Geld=Erträgnisse der Kommunalwaldungen des Oberamtes Meisenheim im Jahre 1865.

Material-Ertrag.

Pos.	Namen der Waldungen	Ast- u. Stammholz: Laubholz: Scheitholz	Ast- u. Stammholz: Laubholz: Prügelholz	Ast- u. Stammholz: Nadelh.: Scheitholz	Ast- u. Stammholz: Nadelh.: Prügelholz	Stockholz: Laubholz	Stockholz: Nadelholz	Reisigholz: Laubholz: Schlagwellen	Reisigholz: Laubholz: Astwellen	Reisigholz: Nadelholzwellen	Bau-, Werk- und Nutzholz: Laubholz	Bau-, Werk- und Nutzholz: Nadelholz	Gesammte Derbholzmasse
		Klafter		Klafter		Klafter		Stück			Kubikfuß		Kubikfuß
	A. Forstrevier Meisenheim.												
1	Schweinschied	141	—	—	—	32	—	10095	2847	—	10525	—	37064,9
2	Jeckenbach	—	—	—	—	1 1/2	—	12142	512	1073	629	—	16172,7
3	Desloch	—	—	—	—	12 3/4	—	8300	—	113	—	—	9942,8
4	Breitenheim	—	—	—	—	3	—	6034	1553	—	66	—	8573,7
5	Lollbach	12	—	—	—	—	—	6782	1656	—	986	—	11167,8
6	Medard	—	—	—	—	6 3/4	—	1420	10	—	—	—	1937,5
7	Hundsbach	101	—	2	—	71 3/4	—	12192	4232	—	13873	—	43741,9
	Summa A.	257	—	2	—	127 3/4	—	57265	10810	1186	26079	—	128600,6
	B. Forstrevier Meddersheim.												
8	Staudernheim	64		—	2 1/2	40	—	18397	1065	220	—	—	28770
9	Meddersheim	163 1/2		—	29	80 1/2	20	10793	6738	3535	3228	174	46120,1
10	Kirschroth	14 1/2		—	20 3/4	4	12	17622	775	3130	325	744	28027,6
11	Merxheim	16		—	—	—	—	11056	582	223	73	43	13177
12	Hochstädten	32 1/2		—	—	11 1/2	—	8086	1607	—	29	—	13740,8
13	Bärweiler	—		—	—	—	—	5196	—	321	—	—	6968,7
14	Lauschied	—		—	7 1/2	—	2 1/4	3533	135	4050	292	1030	10426,8
15	Abtweiler	—		—	—	—	—	—	—	—	—	—	—
	Summa B	290 1/2		—	59 3/4	136	34 1/4	74683	10902	11479	3947	1991	146339,9
	C. Forstrevier Becherbach.												
16	I. Becherbach	27	17	—	16 3/4	23	20 3/4	1800	1432	4069	1382	2256	18217
	〃	—	—	—	—	—	—	—	—	400	—	404 1/2	844 1/2
	II. 〃	—	—	—	—	—	—	1957	—	—	—	—	2153
	〃	—	—	—	—	—	—	62	—	—	—	—	68
		27	17	—	16 3/4	23	20 3/4	3819	1432	4469	1382	2660 1/2	21282 1/2
17	I. Hoppstädten	23	19	—	1 3/4	20	—	5150	975	525	1376 1/2	—	12824 1/2
	II. 〃	—	—	—	14 1/2	—	16	—	—	3000	—	2373	7465
	〃	—	—	—	9	—	—	—	—	1003	—	79 1/2	1759
		23	19	—	25 1/4	20	16	5150	975	4528	1376 1/2	2452 1/2	22048 1/2
18	I. Limbach	45 1/2	27 4/9	—	37	35	14 1/2	3975	1475	2003	1476 1/2	1757	21742
	〃	—	—	—	6	—	—	—	—	250	—	—	659
	II. 〃	—	—	—	—	—	—	1597	—	—	10	—	1767
		45 1/2	27 4/9	—	43	35	14 1/2	5572	1475	2253	1486 1/2	1757	24168
19	I. Otzweiler	—	—	—	9 1/4	—	8	—	—	1695	62 1/2	1364 1/2	4292
	〃	—	—	—	—	—	—	—	—	40	—	22	66
		—	—	—	9 1/4	—	8	—	—	1735	62 1/2	1386 1/2	4358

Geld-Einnahme und Ausgabe.

Loose	Geldertrag resp. Anschlag	Aufwendungen für							Ueberschuß	Anmerkungen
		Aufarbeitung des Holzes	Forst- u. Pflanzgärten	Kulturen	Wegbau	Insgemein	In Summa		
Str.	fl. | kr.	fl. | kr.	fl. | kr.	fl. | kr.	fl. | kr.	fl. | kr.	fl. | kr.	fl. | kr.	
296	8166 54	871 36	4 56	46 39	—	—	923 11	7243 43	100 Wagen Bodenstreu Jagd pacht 50 fl.
417	4832 26	1064 31	—	69 2	—	—	1133 10	3698 46	148 W. Bestr. Jgbr. 60 fl.
246	1243 24	244 35	—	8 20	68 20	—	321 15	922 9	90 „ „ „ 43 fl.
256	2178 47	404 54	10 30	10 10	—	—	425 34	1753 13	80 „ „ „ 99 fl.
467	1882 38	551 11	18 —	—	—	—	569 11	1313 27	80 „ „ „ 71 fl.
102	2173 5	403 37	15 30	11 42	380	—	810 49	1362 16	100 „ „ „ 99 fl.
232	10348 5	1082 5	12 —	—	—	—	1094 5	9254 —	100 „ „ „ 15 fl.
2016	30825 19	4622 29	60 56	146 —	448 20	—	5277 45	25547 34	
694,60	4570 35	862 26	—	28 27	73 36	24 34	989 3	3581 32	540 W. Streu Jgbr. 31 fl.
75,47	4995 35	549 36	17 42	258 8	811 23	4 40	1641 29	3354 6	600 „ „ „ 52 „
377,40	2930 4	642 37	1 12	19 54	233 47	—	897 30	2032 34	117 „ „ „ 17 „
92,22	1952 29	298 2	18 —	41 53	22 30	—	362 25	1590 4	465 fl. 20 fr. f. Str. Jp. 121 fl.
81,69	1460 35	242 13	—	37 4	—	—	279 17	1181 18	76 W. Streu Jgbr. 25 fl.
257,49	1521 3	171 35	—	9 36	—	18	199 11	1321 52	76 fl. für Str. Jgr. 21 fl.
291,64	1786 25	251 57	81 23	35 34	4 5	—	372 59	1413 26	97 fl. 20 kr. f. Str. Jp. 30 fl.
									Jagdpacht 12 fl.
1869,91	19216 46	3018 26	100 17	430 36	1145 21	47 14	4741 54	14474 52	
—	2362 59	305 36	—	—	—	—	305 36	2057 23	Jagd 10 fl.
—	94 50	12 5	—	—	—	—	12 5	82 45	Zufällige Einnahme.
169	645 54	129 27	2 40	67 23	—	33 53	233 23	412 31	Bodenstreu 100 Wagen.
—	1 50	—	53	—	—	—	53	— 57	Zufällige Einnahme.
169	3105 33	448 1	2 40	67 23	—	33 53	551 57	2553 36	
—	1808 55	177 17	—	—	50	—	227 17	1581 38	Jagd 10 fl.
—	924 30	132 58	3 30	33 3	—	—	169 31	754 59	Bodenstreu 90 Wagen.
—	167 45	23 34	—	—	—	—	23 34	144 11	Zufällige Einnahme.
—	2901 10	333 49	3 30	33 3	50	—	420 22	2480 48	
—	3629 12	390 13	—	—	—	—	390 13	3238 59	Jagd 30 fl. 10 kr.
—	58 —	12 15	—	—	—	—	12 15	45 45	Zufällige Einnahme.
80½	394 34	84 9	4 40	86 31	—	—	175 20	219 14	Bodenstreu 106 Wagen.
80½	4081 46	487 7	4 40	86 31	—	—	578 16	3503 28	
—	580 50	80 53	—	47 30	—	14 —	142 23	438 27	Jagd 1 fl. 10 kr.
—	7 —	1 2	—	—	—	—	1 2	5 58	Zufällige Einnahme.
—	587 50	81 55	—	47 30	—	14 —	143 25	444 25	

Material-Ertrag.

Pos.	Namen der Waldungen.	Ast- u. Stammholz. Laubholz		Nadelh.		Stockholz Laubholz	Nadelholz	Reisigholz Laubholz Schlag-wellen	Schwellen	Nadelholz-wellen	Bau-, Werk- und Nutzholz Laubholz	Nadelholz	Gesammte Derbholzmasse
		Scheitholz (?)	Prügelholz	Scheitholz	Prügelholz								
		Klafter		Klafter		Klafter		Süd			Kubikfuß		Kubikfuß
20	I. Bärenbach	35	21	—	—	30	—	—	1050	—	558½	—	7302¼
	II. "	—	—	—	—	—	—	3783	—	—	—	—	4161
	"	—	—	—	—	—	—	—	—	106	—	21½	140
		35	21	—	—	30	—	3783	1050	106	558½	21½	11603¼
21	I. Heimberg	15	14	—	—	15	—	—	607	—	799	—	4296
	II. "	—	—	—	13½	—	—	2724	190	2659	—	1641½	8636
	"	—	—	—	15	—	—	—	—	1632	87½	—	2843
		15	14	—	28½	15	—	2724	797	4291	886½	1641½	15777
22	I. Krebsweiler	46	29¹¹⁄₁₂	—	13¼	36	—	2500	1634	1332	839	170	14631
	"	4	1¼	—	—	—	—	—	112	—	112½	26½	642
	II. "	—	—	—	—	—	—	2735	—	—	—	—	3008½
	"	—	⅞	—	—	—	—	—	12	—	—	—	69
		50	32½	—	13¼	36	—	5235	1758	1332	951½	196½	18350½
23	I. Meckenbach	30	25	—	—	27	—	3925	2249	—	1252½	—	13352

Zusammenstellung für das Forstrevier Becherbach.

Becherbach Pos. 16.	27	17	—	16⅔	23	20¾	3819	1432	4469	1382	2660½	21282½
Hoppstädten Pos. 17.	23	19	—	25¼	20	16	5150	975	4525	1376½	2452½	22048½
Limbach Pos. 18.	45½	27⁴⁄₉	—	43	35	14½	5572	1475	2253	1486½	1757	24168
Otzweiler Pos. 19.	—	—	—	9¼	—	8	—	—	1735	62½	1386½	4358
Bärenbach Pos. 20.	35	21	—	—	30	—	3783	1050	106	558½	21½	11603½
Heimberg Pos. 21.	15	14	—	28½	15	—	2724	797	4291	886½	1641½	15777
Krebsweiler Pos. 22.	50	32¹¹⁄₁₂	—	13¼	36	—	5235	1758	1332	951½	196½	18350½
Meckenbach Pos. 23.	30	25	—	—	27	—	3925	2249	—	1252½	—	13352
Summa C. Revier Becherbach	225½	155¹⁹⁄₃₆	—	136	186	59¼	30208	9736	18716	7956½	10116	130940
Hierzu SummaB. Rev. Meddersheim		290½		—	59²⁄₄	136	34¼	74683	10902	11479	3947	1991	146339,₀
Hierzu SummaA. Revier Meisenheim	257	—	2	—	127¾	—	57265	10840	1186	26070	—	128600,₀
Total	482½ + 290½	155¹⁹⁄₃₆	2	195³⁄₄	449³⁄₄	93½	162156	31478	31381	37982½	12107	405880,₅

Geld-Einnahme und Ausgabe.

Lohrinde	Gehtrrag resp. Anschlag	Aufwendungen für						In Summa	Ueberschuß	Anmerkungen
		Anfertigung des Holzes	Forst- u. Pflanzgärten	Kulturen	Wegbau	Insgemein				
Ctr.	fl. kr.	fl. kr.	fl. kr.	fl. kr.	fl. kr.	fl. kr.		fl. kr.	fl. kr.	
—	1088 30	110 38	— —	45 52	— —	17 44		174 14	914 16	Jagb 28 fl. 20 kr.
232½	1070 10	222 13	— —	— —	— —	— —		222 13	847 57	Bodenstreu 86 Wagen.
—	11 35	2 9	— —	— —	— —	— —		2 9	9 26	Zufällige Einnahme.
232½	2170 15	335 —	— —	45 52	— —	17 44		398 36	1771 39	
—	763 34	70 45	— —	— —	— —	— —		70 45	692 49	Jagb 40 fl. 10 kr.
63	936 57	186 53	— —	29 55	204 19	— —		421 7	515 50	Bodenstreu 50 Wagen.
—	234 36	48 27	— —	— —	— —	— —		48 27	186 9	Zufällige Einnahme.
63	1935 7	306 5	— —	29 55	204 19	— —		540 19	1394 48	
—	1673 13	264 55	— —	20 47	100 —	100 —		485 42	1187 31	Jagb 39 fl. 30 kr.
—	99 33	12 56	— —	— —	— —	— —		12 56	86 37	Zufällige Einnahme.
185	820 17	178 —	— —	— —	— —	— —		178 —	642 17	Bodenstreu 66 Wagen.
—	8 10	1 40	— —	— —	— —	— —		1 40	6 30	Zufällige Einnahme.
185	2601 13	457 31	— —	20 47	100 —	100 —		678 18	1922 55	
—	1863 12	159 59	— —	22 30	— —	16 —		198 29	1664 43	Jagb 15 fl. Ostr. 180 W.
169	3105 38	448 1	2 40	67 23	— —	33 53		551 57	2553 36	
—	2901 10	333 49	3 30	33 3	— —	50 —		420 22	2480 48	
80½	4081 46	487 7	4 40	86 31	— —	— —		578 18	3503 28	
—	587 50	81 55	— —	47 30	— —	14 —		143 25	444 25	
232½	2170 15	335 —	— —	45 52	— —	17 44		398 36	1771 39	
63	1935 7	306 5	— —	29 55	204 19	— —		540 19	1394 48	
185	2601 13	457 31	— —	20 47	100 —	100 —		678 18	1922 55	
—	1863 12	159 59	— —	22 30	— —	16 —		198 29	1664 43	Streu. (Wagen) / Jagdpacht fl. kr. / 678 / 204 20
729½	19246 6	2609 27	10 50	353 31	304 19	231 37		3509 44	15736 22	
1869,»	19216 46	3018 26	100 17	430 36	1145 21	47 14		4741 54	14474 52	1333 / 339 — (außerdem für Streu 638 fl. 40 kr.)
2016	30825 19	4022 29	60 56	146 —	448 20	— —		5277 45	25547 34	698 / 457 →
4615,»	69288 11	10250 22	172 3	930 7	1896 —	278 51		13529 23	55758 48	Wagen Streu Jagdpacht / 2709 fl. 1000 20. / + 638 fl. 40 kr. für Streu.

Cap. IX.
Die arbeitende Klasse.

Im Oberamt gibt es mit wenigen Ausnahmen nur Taglöhner, die zu landwirthschaftlichen und vorübergehend zu Hausdiensten verwendet werden. Die meisten von ihnen haben ein kleines Grundeigenthum und besitzen Milchvieh (Ziegen und Kühe), manche sogar eine schwache Fuhre mit Kühen. Die Zahl der Taglöhner ist nicht groß, und oft, z. B. in der Erntezeit, gerade dieser Verhältnisse wegen dem Bedürfnisse nicht entsprechend, weshalb viele Leute aus ausländischen Nachbarorten solche Beschäftigung finden. Der gewöhnliche Taglohn beträgt, und zwar im Gebiete des Glans, durchschnittlich 30 kr. ohne Kost. Weinbergsarbeiter erhalten vielfach geringen Wein zu ihrem Vieruhr=Brod; dagegen im Gebiet der Nahe, wo die Zahl der Taglöhner selten zureichend, und aus der Nachbarschaft Aushilfe schwerer zu haben ist, beträgt dieser Lohn 36 bis 48 kr., wozu oft Beköstigung kommt.

Die Bedürfnisse dieser Leute sind so verschieden, wie ihre Einkommensverhältnisse. Im Allgemeinen finden sie ein ihrer Stellung und ihren Gewohnheiten entsprechendes Auskommen; nur bei besonderen Nothständen und im Falle der Arbeitsunfähigkeit nehmen sie die öffentliche Armenpflege in Anspruch. Die Arbeiter sind nüchtern und mäßig, und reicht daher ein Einkommen von 180 fl. für eine Familie von 5 Personen aus.

Eine Sparkasse ist nicht vorhanden, jedoch nahm die Sparkasse in Homburg Einlagen aus dem Oberamte an, wovon jedoch wenig Gebrauch gemacht wurde. Außer den Orts= und Amts=Armenkassen gibt es keine Unterstützungsanstalten.

Das Spitalhaus zu Meisenheim, zu dem dasigen Lokal-Armenfonds gehörig, gewährt alten Armen und anderen Unterstützungsbedürftigen Wohnung; ausnahmsweise auch armen Kranken eine Unterkunft. Die Dienstboten, verhältnißmäßig noch ziemlich unverdorben und anspruchslos, erhalten jährlich neben der Beköstigung im Hause, und zwar die männlichen (Knechte ꝛc. ꝛc.) 50 bis 80 fl., ausnahmsweise auch mehr; die weiblichen (Mägde, Hausmädchen ꝛc. ꝛc.) 30 bis 50 fl. Lohn, hier und da auch wohl etwas mehr. Ihre Zeit steht ganz den Dienstherrschaften zu Gebote. Klagen über üble Behandlung kommen eben so selten vor, wie Beschwerden über Untreue, Ungehorsam ꝛc. ꝛc. Seitens des Gesindes.

Cap. X.
Polizei und Gefängnisse.

Die Handhabung der Polizei liegt in den Händen der Bürgermeister, welche durch ihre Beigeordneten darin unterstützt werden. Jede Gemeinde hat einen Orts-Polizeidiener. Es sind 4 Landjäger (Gensdarmen) vorhanden, welche im Hauptorte stationirt sind und unter dem Befehle des Landraths stehen.

Im Hauptorte ist ein neu gebautes und für alle Bedürfnisse eingerichtetes Gefängniß, in welches aufgenommen werden:
1) die Polizei- und Forststräflinge, welche mit Gefängniß bestraft werden;
2) die Arrestanten, welche sonst in Depothäuser kommen;
3) die mit Korrektionshaus-Strafe bis zu 3 Monaten belegten und
4) die Untersuchungsgefangenen.

Das Gefängniß und der Wärter werden aus der Bezirkskasse unterhalten; die Kosten der Verpflegung der Gefangenen trägt der Staat.

Die Zahl der in Untersuchung befindlichen Gefangenen betrug im Jahre 1863 9, und im Jahre 1866 11; die Zahl der Strafgefangenen war im Jahre 1863 193, im Jahre 1866 247.

Jede Gemeinde hat einen oder mehrere Feld- und Waldschützen.

Cap. XI.
Sanitätsanstalten.

Im Oberamt besteht das Sanitätspersonal aus:
1 Physikatsarzte,
1 Physikatsassistenten,
2 praktischen Aerzten,
1 Chirurg, der zugleich Geburtshelfer ist,
8 konzessionirten Heilgehilfen,.
17 Hebammen und
3 Apothekern, wovon 2 Gehilfen halten.

Kranken= und Entbindungshäuser sind nicht vorhanden. Die Geistes=
kranken finden in dem großherzoglich hessischen Landeshospital zu Hofheim und in der großherzoglich hessischen Landes=Irrenanstalt zu Heppen=
heim Aufnahme und werden als Inländer behandelt. Beide Anstalten
sind Pflege= und Heilanstalten. In derjenigen zu Hofheim befinden sich
dermalen 4 Geisteskranke und ein fünfter ist in Bennborf in einer
Privatanstalt untergebracht. Sonstige Irren sind nicht bekannt.

Jede Gemeinde hat einen schönen und geräumigen Friedhof außer=
halb des Ortes.

Cap. XII.
Kultus.

Im Oberamt Meisenheim gibt es 11 449 Evangelische,
1810 Katholiken,
11 Neukatholiken,
3 Mennoniten und
479 Juden.

Tit. I.
Katholiken.

Die Katholiken gehören zur Diözese des Bischofs von Trier.

Tit. II.
Evangelische.

Für die Organisation der evangelischen Kirche ist der 1. Oktober 1836 von wesentlicher Bedeutung. Denn damals wurde mittelst landesfürstlicher Verordnung das aus der Zeit der französischen Herrschaft herübergekommene protestantische Lokalkonsistorium, dessen Wirksamkeit einem gedeihlichen kirchlichen Leben mehr hinderlich, als förderlich war, aufgehoben und an dessen Stelle im Oberamte ein evangelisch-protestantisches Konsistorium mit dem Sitz zu Meisenheim eingesetzt, welches aus dem zeitlichen obern Verwaltungsbeamten (wenn er sich zur evangelischen Kirche bekennt), als Vorsitzendem, zwei evangelischen Geistlichen und einem Sekretär besteht.

Dasselbe ist unter die Leitung und Aufsicht der Landesregierung gestellt und sein Wirkungskreis erstreckt sich über folgende Gegenstände, nämlich:

1) Wahrung der landesherrlichen Rechte und Interessen in Bezug auf die evangelischen Kirchen und alle dahin einschlagenden staatsrechtlichen Verhältnisse;

2) Ueberwachung und Aufrechthaltung der Kirchenverfassung, Kirchenordnung und Disziplin, sowie die Aufsicht über den evangelischen Kultus, die Liturgie, Ritual, die Lehrvorträge und den Religionsunterricht der Jugend;

3) Prüfung der Kandidaten der evangelischen Theologie, auf ihm desfalls zugehende besondere Weisungen;

4) Beobachtung des kirchlich=religiösen Zustandes der evangelischen Gemeinden;

5) Beaufsichtigung und Ueberwachung der Amtsführung, des sittlichen Verhaltens und der wissenschaftlichen Bildung der Geistlichen, der Pfarramts=Kandidaten im Oberamt, sowie die Aufsicht über die dem Konsistorium untergebenen Kirchenvorstände und niederen Diener der Kirche hinsichtlich ihrer Dienstführung.

6) die vorzunehmenden Kirchenvisitationen in den evangelischen Gemeinden und die der Amtsführung der Geistlichen, sowie die der Schulen in Beziehung auf Religionsunterricht.

. Diese Visitationen sind durch die geistlichen Inspektoren jährlich auf Anordnung des Konsistoriums vorzunehmen und das Resultat derselben mit Bericht dem Konsistorium vorzulegen, welches nach Umständen höheren Orts weitere Vorlage zu machen hat;

7) die Erstattung der nöthigen gutachtlichen Berichte und Vorschläge zur Besetzung erledigter Pfarrstellen, sowie zur Emeritirung und Pensionirung der diese Stellen bekleidenden Diener und deren Besoldungs= Angelegenheiten;

8) Anordnung provisorischer Verwaltung der Pfarreien im Falle der Erledigung derselben bis zur Wiederbesetzung oder Ernennung eines Vikars durch die Regierung;

9) die Ernennung der Kirchenvorsteher, sowie die Besetzung der Kirchenrechner und anderer Kirchendiener=Stellen auf vorgängigen Vorschlag der Geistlichen;

10) die Leitung der evangelischen Kirchenvereinigung und Vollziehung derselben nach den deshalb jedesmal zu ertheilenden Vorschriften;

11) die Vornahme der Ordination und Amtseinweisung der Geistlichen, welches es jedesmal einem seiner geistlichen Mitglieder zu übertragen hat;

12) die Beaufsichtigung des Pfarrvermögens und die richtige Verwaltung der evangelischen Kirchenfonds; Sorge für pünktliche Rechnungsstellung und Verifikation derselben, sowie Ueberwachung der Kirchenjnventarien;

13) Versuch der gütlichen Beilegung etwaiger Differenzen der Geistlichen unter sich, oder mit ihren Gemeinden in Bezug auf religiöse Gegenstände. Bei Entstehung einer gütlichen Ausgleichung ist über den Gegenstand gutachtlich zu berichten;

14) Vollziehung der ihm von der Regierung ertheilten Aufträge in kirchlichen und geistlichen Angelegenheiten, sowie Erstattung der von ihm geforderten Berichte und Gutachten;

15) Urlaubsertheilungen an Geistliche und Bestimmung über die Verwaltung der Pfarrei während der Dauer des ertheilten Urlaubs.

Kein Geistlicher darf sich ohne Urlaub länger als 24 Stunden aus seiner Pfarrei entfernen;

16) die Bestimmungen wegen Einrichtung von Kirchen und Begräbnißstätten, sowie die Veranstaltung kirchlicher Festlichkeiten bei besondern Gelegenheiten.

Im Jahre 1836 vollzog sich im Oberamte — und zwar aus freier Entschließung — die evangelische Union auf das vollständigste und erhielt unterm 10. November desselben Jahres die landesherrliche Bestätigung.

Patronatsverhältnisse sind nicht vorhanden.

Im beschränkten Sinne können als kirchliche Anstalten betrachtet werden:

1) der für den Bezirk des Kirchspiels Becherbach bestimmte, unter der Verwaltung des Oberamtes zu Meisenheim stehende naumburger Kollekturfonds, welcher ein Kapitalvermögen von 4710 fl. besitzt und dessen Revenüen nach dem Berechtigungsverhältniß wesentlich an Kirchen und Pfarreien der beiden christlichen Konfessionen und zu einem kleinen Theil an evangelische Schulen alljährlich vertheilt werden und

2) der meisenheimer Kirchenschaffnei=Fonds, unter besonderer Verwaltung stehend. Derselbe hat die Verpflichtung, bestimmte (vormals reformirte) Kirchen, Pfarreien und Schulen durch fixirte Beiträge an Geld und Naturalien zu unterstützen, Kirchen zu unterhalten, Abendmahls=Wein zu liefern 2c. 2c., kann aber seine Verbindlichkeit nur theilweise erfüllen und auch dieses nur mit Beihülfe von Vorschüssen aus der Staatskasse, weil der wichtigere Theil seines Vermögens 1815

von Bayern, in dessen Bereich es gelegen, in Beschlag genommen worden ist. Ein schon länger als 20 Jahre bei dem Appellationsgericht zu Celle (als Aufträgalgericht) schwebenden Prozeß ist zwar in neuester Zeit und zwar im Wesentlichen zu Gunsten des qu. Fonds entschieden, die Vollziehung des Urtheils jedoch zur Zeit noch durch die mittler Weile erfolgte Auflösung des Bundestages gehemmt.

Kirchliche Vereine bestehen außer dem Gustav-Adolph-Verein, der seine jährlichen Sammlungen zu Unterstützungen verwendet und kein Vermögen besitzt, im Oberamte nicht.

Tit. III.
Juden.

Die Juden stehen in einem Rabbinatsverband und theilen sich in 5 Synagogengemeinden, deren jede einen besonderen Vorstand hat, welcher ihren Haushalt nach einer landesherrlichen Verordnung vom 10. November 1854 führt. Der Rabbiner hat stets den Vorsitz, in religiösen Fragen aber die alleinige Entscheidung. Das Gesammtinteresse der Rabbinatsgemeinde wird unter dem Vorsitz des Rabbiners von den vereinigten Gemeindevorständen vertreten. Der Rabbiner hat in Meisenheim seinen Wohnsitz und daselbst (in der neuen Synagoge) den Sabbath- und festtäglichen Gottesdienst zu halten, in den Landgemeinden aber abwechselnd und periodisch zu fungiren.

Die Einrichtung des orbentlichen Gottesdienstes in den einzelnen auswärtigen Gemeinden hat der Rabbiner zu überwachen und zu ordnen. Das Schulwesen der Israeliten ist ebenfalls zunächst seiner Beaufsichtigung unterstellt. Da, wo keine besonderen israelitischen Elementarschulen bestehen, hat er Fürsorge für den religiösen Unterricht der schulpflichtigen Kinder zu treffen. Auf Antrag der Gemeindevorstände ist unterm 5. September 1865 eine besondere „Synagogen- und Todtenbestattungs-Ordnung" mit landesherrlicher Genehmigung von der Landesregierung erlassen worden, welche in voller Wirksamkeit steht. Sie legt besondere Repressionsmittel gegen Uebertretungen derselben in die Hände der Gemeindevorstände.

Das ganze Gemeinbewesen der israelitischen Kultgemeinden steht unter der Kontrolle des Verwaltungs-Oberamts.

Tit. IV.
Tabellarische Uebersichten.

Die Details sind aus nachstehenden 6 Tabellen ersichtlich.

§. 1. Die Pfarr- und Filialkirchen.

	Pfarrk.		Filialk.		Simultan-
	evang.	kath.	evang.	kath.	kirchen.
Bürgermeisterei Meisenheim.					
1 Meisenheim	2	1	—	—	—
2 Abtweiler	—	—	1	—	—
3 Breitenheim	—	—	1	—	—
4 Desloch	—	—	1	—	—
5 Jeckenbach	—	—	1	—	—
6 Lauschied	—	—	—	—	1 kath. Simultankirche.
7 Löllbach	1	—	—	—	—
8 Medard	1	—	—	—	—
9 Raumbach	—	—	—	—	1 verfallene und unbenuhteKap.
10 Schweinschied	—	—	1	—	—
	4	1	5	—	2
Bürgermeisterei Becherbach.					
1 Becherbach	—	—	—	—	1 protestantische Hauptkirche.
2 Bärenbach	—	—	1	—	—
3 Heimberg	—	—	—	—	—
4 Hoppstädten	—	—	1	—	—
5 Hundsbach	1	—	—	—	—
6 Krebsweiler	—	—	1	—	—
7 Limbach	—	—	1	—	—
8 Otzweiler	—	—	—	—	—
	1	—	4	—	1
Bürgermeisterei Merxheim.					
1 Merxheim	1	1	—	—	—
2 Bärweiler	1	—	—	1	—
3 Hochstädten	—	—	1	—	—
4 Meckenbach	1	—	—	—	—
	3	1	1	1	—
Bürgermeisterei Meddersheim.					
1 Meddersheim	1	—	—	—	—
2 Kirschroth	—	—	1	—	—
	1	—	1	—	—
Bürgermeisterei Staudernheim.					
Staudernheim	1	1	—	—	—
Hierzu Bürgermeisterei Meisenheim	4	1	5	—	2
„ Becherbach	1	—	4	—	1
„ Merxheim	3	1	1	1	—
„ Meddersheim	1	—	1	—	—
Total	10	3	11	1	3

§. 2. Synagogen.

a) Synagoge zu Meisenheim 1
b) „   „ Hundsbach 1
c) „   „ Merxheim 1
d) „   „ Mebbersheim 1
                              Total . 4

§. 3. Pfarrei- und Synagogenverbände.

Pfarrei	Dieselbe umfaßt		Zahl der Konfessions genossen.	Bemerkungen.
	I. Evangelische Pfarreien.			
a. Meisenheim	1	Die Stadt Meisenheim mit 2 Pfarreien.	1458	
	2	Breitenheim	517	
	3	Desloch	581	
	4	Raumbach	247	2803
b. Medard (Pfarrverw.)		Medard	532	532
c. Staudernheim	1	Staudernheim	784	
	2	Abtweiler	297	1081
d. Mebbersheim	1	Mebbersheim	817	
	2	Kirschroth	352	1169
e. Merxheim		Merxheim	1022	1022
f. Meckenbach	1	Meckenbach	344	
	2	Hochstädten	228	572
g. Becherbach	1	Becherbach	386	
	2	Bärenbach	260	
	3	Heimberg	155	
	4	Krebsweiler	254	
	5	Limbach	331	
	6	Oßweiler	240	1626
h. Hundsbach	1	Hundsbach	626	
	2	Hoppstädten	375	
	3	Jeckenbach	457	1458
i. Bärweiler	1	Bärweiler	398	
	2	Lauschied	226	624
k. Löllbach	1	Löllbach	291	
	2	Schweinschied	271	562
			11449	11449
	II. Katholische Pfarreien.			
a. Meisenheim	1	Meisenheim	217	
	2	Breitenheim	1	
		Zu übertragen	218	

5

Pfarrei		Dieselbe umfaßt	Zahl der Konfessionsgenossen.	Bemerkungen.
		Uebertrag	218	
	3	Jeckenbach	—	
	4	Medard	71	
	5	Raumbach	248	537
b. Staubernheim	1	Staubernheim	163	
	2	Abtweiler	47	210
c. Lauschied	1	Lauschied	320	
	2	Bärweiler	39	
	3	Hundsbach	40	
	4	Desloch	—	399
d. Merxheim	1	Merxheim	283	In dieser Pfarrei wird der Pfarrer von Merxheim unterstützt durch den Pfarrer von Meisenheim und den Pfarrer aus der preußischen Pfarrei Sien.
	2	Kirschroth	33	
	3	Meddersheim	26	
	4	Meckenbach	11	
	5	Hochstädten	3	
	6	Becherbach	43	
	7	Bärenbach	66	
	8	Hoppstädten	40	
	9	Limbach	49	
	10	Otzweiler	80	
	11	Krebsweiler	16	
	12	Heimberg	1	
	13	Schweinschied	—	
	14	Löllbach	13	664
			1810	1810
	III.	Jüdische Synagogenverbände.		
a. Meisenheim	1	Meisenheim	198	
	2	Breitenheim	12	
	3	Medard	7	217
b. Staubernheim		Staubernheim	71	71
c. Merxheim		Merxheim	65	65
d. Meddersheim		Meddersheim	55	55
e. Hundsbach	1	Hundsbach	22	
	2	Schweinschied	8	
	3	Löllbach	6	
	4	Becherbach	18	
	5	Bärweiler	13	
	6	Hoppstädten	4	71
			479	479

In denjenigen Orten des Oberamtes, welche in den vorstehend aufgeführten Verbänden nicht benannt sind, kommen keine Juden vor.

§. 4. Dissidenten.

a. **Deutschkatholiken:**
1) in der Stadt Meisenheim 9
2) in Abtweiler resp. auf dem St. Antonius=Hof . . 2

Im Ganzen . . . 11

b. **Mennoniten** im Ganzen . 3
und zwar in der Gemeinde Lauschied.

§. 5. Haushalt der

I. Evangelische Kirchen und Pfarreien.

Pfarreien.		Grund= vermögen a. der Kirche b. b. Pfarrei.			Kapital= vermögen a. der Kirche b. b. Pfarrei		Jährliches Eink. der Pfarrei.		Gesammt-Eink. b. Kirchenfonds.					
									Ordentliche.		Außer- ordentliche.		Uml. auf die Konsess.-Gen.	
		M.	Rth.	Sch.	fl.	kr.	fl.	kr.	fl.	kr.	fl.	kr.	fl.	kr.
1 Meisenheim	a.	40	121		22	20366	7		1614	50	4404	26½	—	—
	b.	39	2		103	—	1. Pfarrei 1578 2. Pfarrei 1169	39 41						
Filiale Desloch (z. 2. Pfarrei)	a.					72	—	—	32	5	155	23½	80	—
	b.	—	—	—	—	—	80	—						
2 Bärweiler	a.	—	—	—	100	—	—	—	38	42½	204	16½	—	—
	b.	21	67	3	—	—	735	10						
Filiale Lauschied	a.	—	—	—	—	30	—	—	14	56½	3	35		
	b.	—	—	—	—	—	100	—						
3 Becherbach (Kirchspiel)	a.	—	—	—	809	11	—	—	166	31½	613	49		
	b.	19	20		235	42	910	41	—	—	—	—		
4 Hundsbach	a.	—	—	—	—	—	—	—	24	34	34	26	—	—
	b.	27	39	11	—	—	861	28						

christlichen Kirchenverbände.

Ges.-Ausg. b. Kirchenf.		Ausgaben.			Bemerkungen.
Ordentliche.		Außerordentliche.		Persönliche.	Für Bauten und Reparaturen
fl.	kr.	fl.	kr.	fl.	kr.	fl.	kr.	

1236	55	2074	44	716	21	236	32	1) Unter der außergewöhnl. Einnahme ist der Kassenbestand de 1864 begriffen. 2) Unter der außergewöhnl. Ausgabe sind Kapitalanlagen de 1864 begriffen. 3) Persönl. Ausgaben: Gehalt ꝛc. ꝛc. des Rechners 106 fl. 2 kr., des Kirchendieners 64 fl. 17 kr., der Schullehrer 546 fl. 2 kr.
—	—	—	—	—	—	—	—	1) Das Grundvermögen ist den Geistlichen zum Genuß als Besoldungstheil überlassen. 2) an Staatsgehalt: der 1. Pfarrer 800, der 2. 300 fl. 3) der 2. Pfarrer bezieht aus der Kirchenschaffnei 125 fl. in Geld und 4 Mltr. 3 Faß Hafer. 4) der 1. Pfarrer bezieht als Entschädigung für Gehaltseinbuße 98 fl. 44 kr. aus dem Kirchenfonds von 1866 an.
13	26	—	—	2	—	—	—	1) Die außerordentliche Einnahme ist Kassenbestand. 2) Persönl. Ausgabe ist Rechnergehalt.
13	58	201	31	3	30	201	31	1) Unter der außerord. Einnahme ist ein Geschenk der Civilgemeinde von 181 fl. 9 kr. begriffen. 2) die Güter benutzt der Pfarrer als Besoldungstheil. 3) Staatsgehalt 300 fl.
18	1	—	—	—	—	8	43	Die Konfessionsgenossen haben jährlich 5 Mltr. Korn und 5 Mltr. Spelz zum Gehalt aufzubringen.
113	36½	199	49	17	30	58	41	1) Die Kirche bezieht aus dem Kassenbestand des Naumburger Kollekturfonds ca. 45 fl. jährlich. 2) Unter der außerord. Einnahme ist der Kassenbestand de 1865 begriffen. 3) Unter der außerord. Ausgabe sind Kapitalanlagen begriffen. 4) Die persönl. Ausgabe besteht in Gehältern des Rechners und Küsters ꝛc. ꝛc.
—	—	—	—	—	—	—	—	1) Die Güter nießbraucht der Pfarrer. 2) Staatsgehalt 300 fl. 3) aus dem Pfarrfonds 11 fl. 47 kr. 4) aus dem naumburger Kollekturfonds 4 fl. 46¼ kr. 5) an Früchten, welche die Kirchspiels-Kultgenossen liefern, 262 fl. 20 kr.
15	8	7	58½	1	—	7	58½	Einen Gulden persönl. Gehalt bezieht der Kirchenrechner.
—	—	—	—	—	—	—	—	1) Das Pfarrgut hat der Pfarrer zu genießen. 2) 300 fl. Staatsgehalt; 19 fl. 11 kr. Geld und 11 Mltr. 1 Sest. ¼ M. Korn und 3 M. 3 Fß.

Pfarreien.		Grundvermögen a. der Kirche b.d. Pfarrei.			Kapitalvermögen a. der Kirche b.b. Pfarrei.		Jährliches Eink. der Pfarrei.		Gesammt-Eink. b. Kirchenfonds. Ordentliche.		Außerordentliche.		Uml. auf die Confess.-Gen.	
		M.	Rth.	Sch	fl.	kr.	fl.	kr.	fl.	kr.	fl.	kr.	fl.	kr.
Filiale a Hoppstädten	a.	4	2	—	161	12	—	—	61	36	39	2½		
	b.	20	—	—	—	—	—	—	—	—	—	—		
Filiale b Jeckenbach 5 Löllbach	a.	—	—	—	50	—	—	—	17	6½	37	9	75	—
	b.	—	—	—	—	—	275	—	17	¼	137	55½		
	a.	—	—	·	—	—	—	—						
	b.	14	72	—	—	—	838	10	—	—	—	—		
F. Schweinschied	a.	2	78	55	366	—	—	—	33	3¾	120	49½		
	b.	—	—	—	—	—	136	40	—	—	—	—		
6 Meckenbach	a.	27	56	13	3358	48	—	—	292	23	401	41		
Filiale Hochstädten	b.	41	90	3	—	—	696	15	—	—	—	—		
	a.	—	—	—	383	2½	—	—	25	57½	84	—	75	—

Gef.-Ausg. b. Kirchenf.		Ausgaben			Bemerkungen.
Ordentliche fl. | kr.	Außerordentliche fl. | kr.	Persönliche fl | kr.	Für Bauten und Reparaturen fl | kr.		
— | 31	4 | 40	8 | 27	— | —		1 S. 3⅜ Mlt. Hafer aus der Kirchenschaffnei. 1) Die außerord. Einnahme besteht im Kassenbestand de 1864. 2) Das Persönl. beziehen der Rechner u. Kirchendiener. Das Pfarrgut hat der Pfarrer zu genießen und außerdem werden ihm noch 4 Mltr. Korn, 2 Mltr. Spelz und 2 Klftr. Holz von der Gemeinde geliefert.
4 | 31	8 | 57	1 | —	— | —		Persönl. Dienstgehalt des Rechners. Staatsgehalt 200 fl. für einen Vikar.
11 | 50½	— | —	4 | 45	— | —		1) Die außerord. Einnahme ist der Kassenbestand de 1864. 2) Persönl. Gehalt des Pfarrers 1 fl. 10 kr., des Kirchendieners 2 fl., des Rechners 1 fl. 35 kr. 1) Ordentl. Staatsgehalt 300 fl. und persönl. Alterszulage 200 fl. aus der Staatskasse. 2) Das Grundvermögen ist bem Pfarrer als Besoldung in Genuß gegeben. 3) von der Gemeinde 3 fl. 30 kr. in Geld und 6 Mltr. Korn, 6 Mltr. Spelz und 2 Klftr. Holz.
15 | 32	25 | 12	4 | 30	25 | 12		1) aus dem Kirchenfonds 1 fl. 10 kr. (cfr. ad 2). 2) Das Grundvermögen besteht in Waldland. 2) Die außerordl. Einnahme besteht aus dem Kassenbestand de 1864 und aus einem abgetragenen Kapitalrest ad 50 fl. 3) Die persönl. Ausgaben sind: an den Pfarrer 1 fl. 10 kr., an den Küster 1 fl. 45 kr., an den Rechner 1 fl. 35 kr. Der Gehalt komponirt sich: Aus der Gemeinde 33 fl. 30 kr., aus dem Kirchenfonds 1 fl. 10 kr., an Naturalien von der Gemeinde 6 Mltr. Korn, 6 Mltr. Spelz und 2 Klftr. Holz, angeschlagen zu 94 fl.; Kasualien 8 fl. Das Pfarrhaus in Löllbach wird von beiden Gemeinden unterhalten.
88 | 16	305 | 1	48 | 30	3 | 12		1) Die außerord. Einnahme besteht in Kassenbestand und abgetragenen Kapitalien. 2) Die außerord. Ausgabe besteht bis zum Belauf von 300 fl. in neu angelegten Kapitalien. 3) Persönl. Ausgaben: Dem Lehrer Gehaltszulage 30 fl., demselben für das Vorsingen 1 fl., dem Rechner 10 fl. 30 kr., dem Balgtreter 5 fl., dem Küster 2 fl. 300 fl. Staatsgehalt; das Gut hat der Pfarrer in Nutznießung.
12 | 6½	— | —	— | —	4 | —		1) Die außerord. Einnahme ist Kassenbestand de 1864.

Pfarreien.		Grund=vermögen a. der Kirche b.b. Pfarrei.			Kapital=vermögen a. der Kirche b.b. Pfarrei.		Jährliches Eink. der Pfarrei.		Gesammt-Eink. d. Kirchenfonds.					
									Ordentliche.		Außer=ordentliche.		Unt. auf die Confess.-Gen.	
		M	Rth.	Sch	fl.	kr.	fl.	kr.	fl.	kr.	fl.	kr.	fl.	kr.
	b.						105							
7 Medard (Pfarrverw.)	a.				50				47	20½	24	44½		
	b.	16	44				306	13¾						
8 Medders=heim	a.				2093	30			120	6½	199	23¾		
	b.	25	38	14			778							
9 Mergheim	a.				1000				81	4	321	½		
	b.	92	9		246	15	983	58						
10 Stau=dernheim	a.				1978	36			109	42	698	1		
	b.	40			3800		1064							
Filiale Aßweiler	a.	11	55	90	908	27½			158	48	218	33		

Ges.-Ausg. d. Kirchenf.		Ausgaben.			Bemerkungen.
Ordentliche.	Außerordentliche.	Persönliche.	Für Bauten und Reparaturen		
fl.	kr.	fl.	kr.	fl.	kr.	fl.	kr.	
—	—	—	—	—	—	—	—	2) Die persönl. Ausgaben sind: An den Rechner 2 fl., an den Vorsänger 1 fl. 30 kr. und an den Pfarrer 30 kr.
								Aus dem Armen-Stiftungsfonds 30 fl. und von der Gemeinde 75 fl.
34	47½	—	—	3	—	4	—	Persönl. Ausgabe ist der Balgtreter-Lohn.
								1) Der Pfarrverwalter hat die Nutznießung von dem Grundvermögen.
								2) Aus der Staatskasse 100 fl., aus der Kirchenschafferei 17 fl. in Geld und 2 Mltr. 1 Simmer 1 Mäßchen Korn und 1 Mltr. 3 Faß 3 Sr. Hafer.
96	24¾	150	—	46	5	12	43	1) Die außerord. Ausgabe besteht in einem neuen Darlehen.
								2) Die persönl. Ausgaben sind: Dem Pfarrer 4 fl., dem Rechner 12 fl., dem Organisten 20 fl., dem Kirchendiener 5 fl. 10 kr., dem Kirchenvorstand 4 fl. 55 kr.
								1) Staatsgehalt 300 fl., Kirchenfonds 4 fl., Gemeinde Kirschroth 30 fl.
								2) Der Pfarrer nutznießt das Pfarrland.
65	14	—	—	38	18	8	16	Persönl. Ausgaben: Dem Pfarrer 6 fl., dem Organisten 23 fl. 48 kr., dem Rechner 8 fl. 30 kr.
								1) Das Gut benutzt der Pfarrer.
								2) Staatsgehalt 300 fl., aus der Kirche 6 fl., von der Civilgemeinde (Entschädigung) 37 fl. 30 kr.
105	7	678	36	61	16	22	36	1) Die außerord. Einnahme komponirt sich aus dem Kassenbestand de 1864 und aus Kapitalablagen.
								2) Die außerord. Ausgabe begreift bloß neu ausgeliehene Kapitalien.
								3) Die persönl. Ausgaben sind: Dem Geistlichen 42 fl., dem Kirchendiener 9 fl. und dem Rechner 10 fl. 16 kr.
								1) Staatsgehalt 300 fl., aus dem Kirchenfonds 42 fl., die Güter nießbraucht der Pfarrer.
								2) Außer dem Pfarrgehalt bezieht der Pfarrer als Mitglied des Konsistoriums 500 fl. aus der Staatskasse.
95	51	10	—	49	80	30	5	50	1) Die außerordentliche Einnahme besteht aus dem Kassenbestand de 1864.
								2) Persönl. Ausgaben: Dem Pfarrer 60 fl. aus

Pfarreien.	Grund-vermögen a. der Kirche b. d. Pfarrei.			Kapital-vermögen a. der Kirche b. d. Pfarrei.		Jährliches Eink. der Pfarrei.		Gesammt Eink. b. Kirchenfonds.					
								Ordentliche.		Außer- ordentliche.		Unt. auf die Konfess.-Gen.	
	M.	Rth.	Sch.	fl.	kr.	fl.	kr.	fl.	kr.	fl.	kr.	fl.	kr.
	b.	9	12	93	—	—	179	—	—	—	—	—	—

Allgemeine Bemerkungen.
1) Die Anschläge für naturale Genüsse (Pfarrhaus, Güter, Fonds ic. ic.) sind in dem Einkommen der Pfarrer begriffen. Desgleichen
2) die persönlichen Ausgaben und die Ausgaben für Bauten, Reparaturen ic. ic. in den ordentlichen und außerordentlichen Ausgaben.

II. Katholische Kirchen und Pfarreien.

1 Becherbach (rectius Fil.)	a.	—	—	—	969	21	—	—	50	—	—	—	—
	b.	—	9¹/₈	—	351	12	100	—	—	—	—	—	—
2 Lauschied	a.	—	—	—	719	48	—	—	36	—	30	—	—
	b.	3	179	2	—	—	390	—	—	—	—	—	—
Filiale Bärweiler	a.	—	—	—	1398	19	—	—	69	44	—	—	—
	b.	1	70	—	—	—	—	—	—	—	—	—	—
3 Meisenheim	a.	—	—	—	266	20	—	—	133	1	75	—	—
	b.	—	—	—	—	—	800	—	—	—	—	—	—
4 Merzheim	a.	—	81	—	1428	3	—	—	118	—	—	—	—
	b.	—	—	—	—	—	469	54	—	—	—	—	—
5 Staubern- heim	ab	—	—	—	8293	36	424	—	—	—	6	—	—

Allgemeine Bemerkungen:
1) Die persönlichen Ausgaben und die für Bauten und Reparaturen sind in den ordentlichen und außerordentlichen Ausgaben enthalten.
2) Die Geringfügigkeit der deklarirten Gehälter muß um so mehr auffallen, da Bischöfl. Seits für einen Kaplan für die Pfarrei Meisenheim eine Dotation von 500 fl. verlangt worden.

Ges.-Ausg. d. Kirchenf.				Ausgaben.				Bemerkungen.
Ordentliche.		Außerordentliche.		Persönliche.		Für Bauten und Reparaturen.		
fl.	kr.	fl.	kr.	fl.	kr.	fl.	kr.	
—	—	—	—	—	—	—	—	dem Pacht für das Ackerland, dem Organisten 10 fl., dem Balgtreter 4 fl. 30 kr., dem Rechner 6 fl. 3) Grundvermögen verpachtet bis auf die Wiesen, welche der Pfarrer usufruirt. 1) Der Pfarrer genießt das Gut als Pfarrland und die Wiesen der Kirche. 2) Aus dem Kirchenfonds 60 fl. 3) Kasualien 10 fl.
8	40	—	—	—	—	—	—	Die Kirche (resp. die Filiale) bezieht jährlich aus dem naumburger Kollekturfonds cirka 22 fl.
								Aus demselben Fonds jährlich ca. 90 fl.
16	34	45	30	—	—	1	—	Staatsgehalt 300 fl. — Der Genuß des Pfarrhauses und Gartens ist nicht veranschlagt.
11	51	9	—	—	—	3	—	
153	48	70	—	101	41	70	—	Persönl. Ausgaben an die Diener der Kirche. 800 fl. Staatsgehalt. — Wohnung (Kloster) und Garten nicht veranschlagt.
117	—	—	—	41	—	—	—	Wohnung und Garten nicht veranschlagt; 300 fl. Staatsgehalt.
385	51½	49	—	320	26	49	—	1) Der Kapitalfonds, für Kirche und Pfarrei durch den Fürsten Dominik von Salm-Kyrburg, den Gründer von Kirche und Pfarrhaus gestiftet, wird für beide gemeinschaftlich administrirt. Der Pfarrer zieht daraus Gehalt. 2) Unter dem Pfarrgehalt ist das Pfarrhaus und der dazu gehörige Garten nicht veranschlagt. 3) 300 fl. Staatsgehalt.

§. 6. Haushalt der israelitischen Kultgemeinden.

Der fixe Gehalt des Rabbiners beträgt . 600 fl.
Davon bezahlt:
1) die Staatskasse . . . . . . 200 fl.
2) die Juden in Meisenheim durch Umlagen . 245 „
3) „ „ der Landgemeinden durch Umlagen . 155 „
Summa 600 fl.
4) für Schreibmaterialien bezieht derselbe von den Ge=
meinden . . . . 12 „
5) fixirte Diäten, zahlbar aus der Gemeindekasse . 40 „
6) Kasualien ca. . . . . . . 25 „

Kultgemeinde zu Meisenheim.

1. **Kultkosten.** a) Vermögen: Synagoge und Schulgebäude;
b) Einnahme pro 1865 . . 740 fl. 54 kr.
darunter sind Umlagen 350 fl.
c) Ausgaben . . . . 497 „ 9 „
darunter Gehalt für den Vorsänger 301 fl.
2. **Rabbinatskosten.** Einnahme pro 1865 . 371 „ 38 „
darunter Kassenbestand de 1864 102 fl. 28 kr.
Umlagen . . 269 „ 10 „
Ausgabe . . . 285 „ 43 „

Von Seiten des Staates, der politischen Gemeinden oder aus Stiftungen wird kein Zuschuß gewährt.

Kultgemeinde Staudernheim.

Hat kein Gemeinde=Vermögen.
1. **Kultkosten.** 1) Einnahme beträgt . . 46 fl. 37 kr.
Umlagen 36 fl. 5 kr.
2) Ausgabe . . . . 28 „ 26 „
Vorsängergehalt 22 fl.
2. **Rabbinatskosten** 1) Einnahme . . . . 93 „ 19 „
für Staudernheim und Meb- Umlagen 83 fl. 46 kr.
dersheim.
2) Ausgabe . . . 83 „ 21 „
Von Seiten des Staates wird kein Zuschuß geleistet.

Kultgemeinde Merzheim.

1. **Kultkosten.** a) Vermögen: Synagoge, Mobilar
und Kapitalvermögen . . 560 fl. — kr.
   1) Einnahme . . . . 130 „ 48 „
   Umlagen 60 fl.
   2) Ausgabe . . . . 46 „ 29 „
   Vorsängergehalt 21 fl.
2. **Rabbinatskosten.** 1) Einnahme . . . 68 „ 31 „
   Umlagen 61 fl. 23 kr.
   2) Ausgabe . . . . 62 „ 27 „

Von Seiten des Staats 2c. 2c. wird kein Zuschuß gewährt.

Kultgemeinde Hundsbach.

1. **Kultkosten.** a) Verm.: Synagoge im Werth v. 1500 fl. — kr.
   Mobiliar-Vermögen . . . 485 „ — „
   1) Einnahme . . . . 471 „ 48 „
   darunter 285 fl. 58 kr. eingezogene
   Kapitalien für Restauration der
   Synagoge.
   Umlagen 43 fl. 30 kr.
   2) Ausgabe . . . . 467 „
   darunter 436 fl. für Restauration
   der Synagoge.
   Vorsängergehalt 17 fl. 37 kr.
2. **Rabbinatskosten.** 1) Einnahme . . . 21 „ 16³/₄ „
   Umlagen 16 fl. 8 kr.
   2) Ausgabe . . . 15 „ — „

Von Seiten des Staats 2c. 2c. wird kein Zuschuß gewährt.

Cap. XIII.
Unterricht.

Die Zahl der schulpflichtigen Kinder betrug am Schlusse des Jahres 1866*)

1) zu Meisenheim a) in der evangelischen Schule	184
b) „ „ katholischen „	41
c) „ „ israelitischen „	28
2) zu Abtweiler	49
3) „ Bärenbach	47
4) „ Bärweiler	61
5) „ Becherbach	66
6) „ Breitenheim	101
7) „ Desloch	98
8) „ Hochstädten	44
9) „ Hoppstädten	90
10) „ Hundsbach	106
11) „ Jeckenbach	59
12) „ Kirschroth	46
13) „ Krebsweiler = Heimberg (gemeinschaftliche Schule)	52
14) „ Lauschied a) in der evangelischen Schule	38
b) „ „ katholischen „	75
15) „ Limbach	56
16) „ Löllbach	46
17) „ Meckenbach	59
18) „ Medard	99
19) „ Mebbersheim	119
Zu übertragen	1564

*) Die Schulen, deren konfessioneller Charakter nicht besonders angegeben ist, sind evangelische.

	Uebertrag	. 1564
20) zu Merxheim a) in der evangelischen Schule	. .	202
b) „ „ katholischen „	. .	46
21) „ Otzweiler	. .	57
22) „ Raumbach a) in der evangelischen Schule	. .	40
b) „ „ katholischen „	. .	47
23) „ Schweinschied	. .	56
24) „ Staudernheim a) in der evangelischen Schule	. .	120
b) „ „ katholischen „	. .	36
Summa	. .	2168

Das Diensteinkommen der Lehrer betrug Ausgangs des Jahres 1866

1) zu Meisenheim
   I. bei der evangelischen Schule

a) Oberschule	412 fl.	24 kr.
b) Mittelschule	300 „	— „
c) Unterschule	385 „	— „
II. bei der katholischen Schule .	300 „	— „
III. „ „ israelitischen „ .	340 „	— „
2) „ Abtweiler	350 „	— „
3) „ Bärenbach	300 „	— „
4) „ Bärweiler	300 „	— „
5) „ Becherbach	620 „	— „
6) „ Breitenheim	325 „	— „
7) „ Desloch: a) bei der Oberschule .	386 „	10 „
b) „ „ Unterschule .	225 „	— „
8) „ Hochstädten	300 „	— „
9) „ Hoppstädten	300 „	— „
10) „ Hundsbach	343 „	58 „
11) „ Jeckenbach	364 „	— „
12) „ Kirschroth	320 „	— „
13) „ Krebsweiler = Heimberg . .	395 „	— „
14) „ Lauschied: a) bei der evang. Schule .	300 „	— „
b) „ „ katholischen Schule	265 „	— „
15) „ Limbach	334 „	20 „
16) „ Löllbach	337 „	— „
17) „ Meckenbach	300 „	— „
Zu übertragen .	7802 fl.	52 kr.

		Uebertrag	7802 fl.	52 kr.
18) zu Medard:	a) bei der Oberschule		300 „	— „
	b) „ „ Unterschule		264 „	— „
19) „ Medderßheim	a) bei der Oberschule		300 „	— „
	b) „ „ Unterschule		287 „	— „
20) „ Merxheim:	a) bei der evang. Oberschule		424 „	— „
	b) „ „ „ Mittelsch.		400 „	— „
	c) „ „ „ Untersch.		300 „	— „
	d) „ „ kathol. Schule		240 „	— „
21) „ Otzweiler			310 „	— „
22) „ Raumbach:	a) bei der evangel. Schule		300 „	— „
	b) „ „ kathol. Schule		272 „	49 „
23) „ Schweinschied			300 „	— „
24) „ Staubernheim:	a) bei der ev. Oberschule		490 „	— „
	b) „ „ „ Unterschule		300 „	— „
	c) „ „ kath. Schule		220 „	— „
	Summa		12510 fl.	41 kr.

Zu bemerken ist, daß

1) die Bezüge für kirchliche Dienste nicht berücksichtigt sind;
2) die Anschläge der Naturalienbezüge, der Wohnungs= und Gütergenüsse ꝛc. ꝛc. unter obiger Summe begriffen sind;
3) die Schulgehälter, insoweit sie nicht aus besonderen Stiftungen fließen, durch das Schulgeld der Kinder und im Uebrigen von den Kultgemeinden aufgebracht werden;
4) selbstständiges Schulvermögen nur besitzen:

I. die evangelischen Schulen zu Merxheim (Schulfonds), welches besteht:
a) an Grundbesitz = 36²/₄ M. 37 Rth. 62 Sch. Ackerland; dasselbe ist verpachtet und erträgt dermalen jährlich 379 fl. 50 kr. an Pacht;
b) an Kapitalien = 2485 fl. 27 kr.
c) an Kassenbestand (Betriebsfonds pro 1866) = 420 fl. 7 kr.

Außerdem sind dem Schulfonds überwiesen:

1) die Schulgelder, welche 1865 98 fl. betrugen und
2) das Geldeinkommen für Glocken=Garben und Brode, welches 1865 97 fl. 30 kr. betrug.

Der Reinertrag sämmtlichen unter besonderer Verwaltung stehenden Einkommens wird in bestimmten Einzelbeträgen zur Salarirung der evangelischen Schullehrer verwendet; auch sind an letztere schon öfter Gratificationen (aus Ueberschüssen) bewilligt worden.

Sodann II. die evangel. Schule zu **Becherbach**.

Dasselbe besteht in kleineren Kapitalien zum Belaufe von 122 fl. 11 kr. und (1865) in einem Kassenbestand von 81 fl. 18 kr. Der Ertrag dieses kleinen Fonds wird ganz zur Schulbesoldung verwendet;

5) die Aufwendungen auf das Volksschulwesen überhaupt betragen:

 a) an Lehrergehältern . . . . . . 12510 fl. 41 kr.
 b) an Kosten der Unterhaltnng der Schulgebäude, Prüfungs- und Heizungskosten, Geräthschaften ꝛc. ꝛc. im Jahre 1865 . . 1444 „ 4 „
  (außerordentliche Ausgaben für Neubauten ꝛc. ꝛc. sind hierunter nicht begriffen)
       Summa . 13954 fl. 45 kr.

6) neben den Volksschulen besondere Fortbildungsanstalten (Sonntagsschulen ꝛc. ꝛc.) nicht bestehen;

7) eine zahlreich besuchte Kleinkinderbewahranstalt bloß in Meisenheim besteht, welche von einem Vereine und aus kleinen Beiträgen der Kinder wohlhabender Eltern unterhalten wird und gut gedeiht. Ferner daß

8) in Meisenheim eine Lateinschule mit 3 Klassen besteht, welche mit 3 Lehrern besetzt sind. Der erste Lehrer (Rektor) ist zugleich Verwalter der oben unter Kap. 12 genannten Pfarrei Medard. Die Zahl der Schüler betrug 1866 37, wovon 26 aus der Stadt, 6 vom Lande und 5 Ausländer sind. Das Schulgeld beträgt jährlich 16 fl., welches die beiden ersten Lehrer beziehen. Ihre fixen Gehälter gehören zu den Lasten der Kirchenschaffnei. Der dritte Lehrer bezieht vom Staate und aus der Stadtkasse 350 fl. fix;

9) in Meisenheim eine höhere Töchterschule besteht, die von einer aus Koblenz berufenen geprüften Lehrerin geleitet wird — und endlich

10) daß folgende besondere Fonds für Schulzwecke vorhanden sind, nämlich:

a) der sogenannte Kirchspiels-Schulfonds zu Becherbach, welcher unter der Verwaltung des evangelischen (Kirchspiels) Presbyteriums steht. Derselbe besitzt außer einem Kassenbestand (de 1865) von 164 fl. 48 kr. ein Kapitalvermögen von 1572 fl. 25 kr., dessen Zinsen, abzüglich der Verwaltungskosten, an die evang. Schullehrer des Kirchspiels Becherbach (bestehend aus den Gemeinden Becherbach, Bärenbach, Heimberg, Krebsweiler, Limbach und Oßweiler) alljährlich als Gehaltsbeiträge vertheilt werden;

b) der naumburger Kollekturfonds, vom Oberamte zu Meisenheim verwaltet, welcher dermalen einen Kapitalfonds von 4650 fl. besitzt und zur Unterstützung von Kirchen und Schulen in dem aus dem vormaligen markgräflich badischen Amt Naumburg herüber gekommenen (religiös gemischten) Bezirk des Kirchspiels Becherbach bestimmt ist. Die Zinsen werden alljährlich in einem bestimmten Verhältniß unter die bezugsberechtigten Stellen, wozu jedoch an Schulen nur die zu Oßweiler gehört, vertheilt. Dieser Schule sind in 1855 9 fl. 48³/₄ kr. zugefallen.

Dahin gehört auch:

c) der evangelische Almosenfonds zu Meisenheim, welcher im Jahre 1865 zu den Gehältern der Schullehrer im Bezirke des Kirchspiels Meisenheim ordentlicher Weise beigetragen hat . 392 fl. 55 kr.
und an Zulagen für Schul=Heizungskosten . . . 75 „ — „
Summa . 467 fl. 55 kr.

d) der meisenheimer Kirchenschaffneifonds, welcher zur Unterstützung von Kirchen und Schulen in vormals zweibrückischen Ortschaften bestimmt ist. Derselbe hat zu den Gehältern der Volksschullehrer jährlich beizutragen:

an Geld: 18 fl. 50 kr., welche wegen Unzulänglichkeit der Mittel bis auf Weiteres aus den bezüglichen Gemeindekassen vorschußweise zu zahlen sind,

an Früchten: 51 M. 2 F. 1 Sr. 2³/₄ M. Korn und 3 M. 3 F. 1 Sr. 3³/₄ M. Hafer altzweibrücker Maßes.

Letztere werden bis auf cirka 13 Malter Korn dermalen geliefert oder in Geld vergütet; der Rest wird für den hoffentlich nahe stehenden Eintritt besserer Verhältnisse gut geschrieben.

Cap. XIV.
Justiz.

Sämmtliche Gemeinden des Ober-Amtsbezirks Meisenheim ressortiren zu dem Gerichte (Justiz-Oberamt) in Meisenheim. Bei demselben fungiren 1 Richter, 1 Beamter der Staatsanwaltschaft, 1 Gerichtsschreiber, 2 Anwälte und 2 Gerichtsvollzieher; auch sind 2 Notarien angestellt. Während früher 1 Staatsanwalt bei dem Gerichte angestellt war, hat man die besondere Stelle des Staatsanwalts seit dem Jahre 1862 eingehen lassen und ist seit dieser Zeit die Wahrnehmung der Funktionen desselben und des öffentlichen Ministeriums bei dem Polizeigericht dem Assessor bei dem Verwaltungs-Oberamte (Landraths-Amt) neben seiner anderen Dienststelle übertragen worden.

In Civilsachen gilt die französische Prozeßordnung neben dem französischen Civil-Gesetzbuch. Das prozessualische Verfahren richtet sich vollständig nach den Bestimmungen der französischen Prozeßordnung. Dieselbe Person entscheidet übrigens als Richter in vorkommenden friedensgerichtlichen, handelsgerichtlichen und Tribunalsachen. Die Instruktion des Prozesses erfolgt ganz nach den einschlägigen gesetzlichen Bestimmungen der Civilprozeß-Ordnung für Prozesse, welche verhandelt werden, je bei dem Friedensgericht, Handelsgericht oder Tribunal, und das Justiz-Oberamt spricht Recht in seiner Eigenschaft als Friedensgericht ꝛc. ꝛc. Die Kompetenz des Friedensgerichts ist regulirt durch das Gesetz vom 16./24. August 1790; die der übrigen Civilsachen durch die ein-

schlägigen Bestimmungen des Civilgesetzbuchs und der Civilprozeß=
Ordnung.

Appellationen gegen Urtheile, welche das Justiz=Oberamt in seiner
Eigenschaft als Friedensgericht oder Handelsgericht oder Tribunal er=
läßt, gehen an die Landesregierung 1. Deputation zu Homburg, welche
als Appellationsgericht für das Oberamt Meisenheim bestellt ist. Der
Prozeß wird bei dem Appellationsgericht instruirt nach den Bestim=
mungen der französischen Civilprozeßordnung (landgräfl. hess. Regierungs=
blatt vom 25. Juni 1854 Nro. 6).

Im Zusammenhang mit der Civilprozeß=Ordnung besteht selbst=
verständlich auch das Institut der Gerichtsvollzieher, dessen Dienstführung
durch die betreffenden französischen Gesetze regulirt ist.

Das Vormundschaftswesen wird gehandhabt nach den in dem
Civilgesetze enthaltenen Bestimmungen, eine Spezialgesetzgebung in die=
ser Hinsicht und eine besondere Obervormundschafts=Behörde ist nicht
vanden.

Als Strafgesetzbuch galt bis zum Jahr 1859 der Code pénal.
Im Jahre 1859 wurde das Strafgesetzbuch für das Großherzogthum
Hessen mit geringen Modifikationen eingeführt, dabei wurden aber einige
Artikel des Code pénal, sowie das 4. Buch desselben über Polizeiüber=
tretungen und Strafen aufrecht erhalten (s. hess. Regbl. vom 29.
Mai 1859 Nro. 4). Ein besonderes Polizeistraf=Gesetzbuch neben dem 4.
Buch des Code pénal besitzt das Oberamt nicht.

In strafprozeßrechtlicher Beziehung gilt die französische Kriminal=
Prozeßordnung mit Ausnahme des zweiten Titels derselben, welcher über
die Sachen handelt, die vor die Geschworenen gebracht werden müssen.
Das Verfahren vor den Assisen, über die Bildung des Gerichtshofes,
die Kompetenz desselben ist regulirt durch das Gesetz vom 15. Oktober
1850 (s. hess. Regbl. vom 27. Oktober 1850 Nro. 14) und resp. das
Gesetz über die Competenz der Gerichte und das Verfahren in Straf=
sachen vom 22. März 1859 (s. hess. Regbl. vom 29. Mai 1859 Nro. 4).

In Polizeisachen, Forstfrevel=Kontraventionen und Zucht=Polizeisachen
fungirt wie in Civilsachen auch nur ein Richter; im Uebrigen ist das
Gericht zusammengesetzt nach den Bestimmungen der Kriminal=Prozeß=
ordnung.

Für Forstpolizei=Kontraventionen gilt die Verordnung der k. k.
österreichischen und kgl. bayerischen gemeinschaftlichen Landesadministra=
tions=Kommission zu Kreuznach vom 13. Juli 1814.

Appellationen gegen Urtheile des Polizeigerichts, Forstgerichts und Zuchtpolizeigerichts gehen an die Landesregierung 1. Dep. zu Homburg, welche als Appellationsgericht für Strafsachen aus dem Oberamt Meisenheim bestellt ist. Das Verfahren bei dem Appellationsgericht richtet sich nach der in der Kriminalprozeßordnung vorgeschriebenen Form (f. heff. Regbl. vom 3. November 1850 Nro. 15).

Cap. XV.
Militär.

Hessen-Homburg hatte 2 Kompagnien Jäger zum Bundesheer zu stellen, welche dem 8. Armeekorps zugetheilt waren. Daneben bestand noch eine Reserve, welche die 2 ältesten Klassen des aktiven Dienststandes bildeten. Dieses Militär wurde durch jährliche Aushebungen ergänzt, welche nach dem Gesetze vom 8. März 1842 vollzogen wurden.

Danach war grundsätzlich die junge Mannschaft nach Ablauf des Jahres, in welchem sie das 20. Jahr vollendet hatte, bis auf die wirklichen Staatsdiener und die ordinirten Geistlichen dienstpflichtig, jedoch war die sehr kostspielige Stellvertretung nicht ausgeschlossen, und die Studirenden wurden auf Maturitätszeugnisse hin, die Schulamts-Aspiranten aber auf Zeugnisse von Seminarien oder über bereits bestandene examina, wie die unvermögenden Unabkömmlichen ins Depot versetzt, wodurch sie bis zu eintretendem Bedürfniß befreit waren, was, da immer Ueberfluß an diensttauglicher Mannschaft war, als gänzliche Befreiung aufgefaßt werden konnte.

Die Dienstzeit war auf 6 Jahre fixirt, wovon 4 Jahre auf den aktiven Dienst und 2 Jahre auf den Dienst in der Reserve fielen.

Ueber Dienstuntauglichkeit entschied ein besonderes Reglement. Das erforderliche Größemaß war als Regel für Jäger 5′ 2″ und für den Train 5′ 1″.

Eine Kommission, bestehend aus dem Verwaltungsbeamten und einem kommandirten höhern Offizier, vollzog in jedem der beiden Aemter die Aushebungen unter dem Beistand eines Militär- und eines Civilarztes. Ueber derselben stand ein Rekrutirungsrath als höhere und letzte Instanz. Letzterer, jährlich einmal versammelt, prüfte die Entscheidungen der Rekrutirungskommission und erledigte Reklamationen und die zweifelhaft erklärten Fälle. Von dieser Behörde wurde auch aus den

Haupt-Konskriptionslisten die Kontingentslisten gefertigt. Das Bedürfniß an Rekruten und die Kontingente der einzelnen Aemter wurden jährlich durch ein Gesetz festgestellt.

Die oberste Militärbehörde war ein Militärkommando, dem ein Stabsoffizier vorstand, welcher in geeigneten Fällen dem Landgrafen Vortrag zu erstatten und dessen Entscheidung einzuholen hatte.

Bei der Konskriptionsmusterung für das Jahr 1863 betrug die Zahl der Militärdienstpflichtigen 183
Davon waren nicht erschienen (dem Gesetze ausgewichen) . 7
    Daher kamen zur Musterung nur . . 176
Hiervon waren untauglich 44
    Es blieben also 132
und von diesen wurden zur nächsten Musterung verwiesen 33
Mit Erlaubniß ausgewandert waren . . . . 7 = 40
    Daher kamen zur Loosung 92
darunter 1) Freiwillige 1
    2) zweifelhaft Untaugliche . . . 2
    3) relativ Taugliche (Train) . . . 10
    4) ins Depot Versetzte . . . 7
Zum Dienst wurden einberufen 42
    mithin blieben disponibel 50

Bei der Konskriptionsmusterung für das Jahr 1866 betrug die Zahl der Militärdienstpflichtigen 172
Davon waren nicht erschienen (dem Gesetze ausgewichen) . 9
    Daher kamen zur Musterung nur . . 163
Hiervon waren untauglich 33
    mithin blieben also 130
und von diesen wurden zur nächsten Musterung verwiesen 30
Mit Erlaubniß ausgewandert waren . . . . 3 = 33
    Daher kamen zur Loosung 97
darunter 1) zweifelhaft Untaugliche . . . 2
    2) relativ Taugliche (Train) . . . 17
    3) ins Depot Versetzte . . . 11
Zum Dienst wurden einberufen 41
    mithin blieben disponibel 56

Das Kreisersatzgeschäft, welches im Dezember 1866 abgehalten worden und sich auf diejenigen Militärpflichtigen aus den Konskriptions-jahren 1864, 1865 und 1866 erstreckte, über welche nach der königl=

lichen Militär-Ersatz-Instruktion vom 4. Dezember 1858 noch zu verfügen war, hatte das Resultat, daß 27 davon für brauchbar und einstellungsfähig erkannt und

der Garde	2
„ Infanterie	12
„ schweren Kavallerie	2
„ leichten „	5
„ Fuß-Feldartillerie	1
„ Festungsartillerie	2
den Pionieren	1
und dem Trainbataillon	2

überwiesen wurden. Ihre Einstellung ist bald darauf erfolgt.

Bei der im März 1867 vorgenommenen Revision und Zählung des militärbrauchbaren Pferdebestandes wurden . . 180 Stück für diensttauglich befunden und davon designirt:

zu Reitpferden	3	Stück
„ Packpferden	67	„
„ Stangenpferden	21	„
„ Vorderpferden	89	„

darunter 84 Wallachen und 96 Stuten.

Vierte Abtheilung.

Cap. XVI.
Steuern.

Die Grundsteuer hat eine höchst mangelhafte Grundlage in der schon zu französischer Zeit gemachten Besitzdeklaration.

Was die öffentlichen (Staats-) Steuern anbelangt, so betragen die
direkten Steuern netto . . . . 44 188 fl. 56 kr.
die Einnahmen aus dem Enregistrement . . 12 899 „ 42 „
„ „ „ „ Stempeldebit . . 3 681 „ 45 „
in Summa . 60 770 fl. 23 kr.

Auf den Kopf der Bevölkerung kommen:
an direkten Steuern . . . . . . 3¹/₅ fl.
„ Enregistrement und Stempelgebühren . . . 1¹/₅ „
im Ganzen also . 4²/₅ fl.
oder 2 Thlr. 15 Sgr. 5 Pfg.

Domänialgüter sind — abgesehen von den Staatswaldungen — nicht vorhanden. Letztere geben einen Reinertrag von durchschnittlich 5000 fl.

Die indirekten Steuern und Abgaben sind hier dieselben, wie im übrigen Preußen, mit welchem Meisenheim schon seit dem Jahre 1830 durch die Bande des Zollvereins rc. rc. verbunden ist.

Kommunalabgaben sind außer in der Stadt Meisenheim und dem Orte Raumbach (deren Vermögen die französische Revolution mit Zurücklassung von noch sehr bedeutenden Schuldenmassen aufgezehrt hat) nur von geringem Betrag. Gewöhnlich werden sie durch außerordentliche Bauten, namentlich Wegebauten, veranlaßt. Das Uebrige wird aus den Revenüen des Gemeindevermögens gedeckt.

Was die Armenabgaben anbelangt, so gibt es im Ganzen etwas über 100 Konstribirte d. h. solche Armen, welche wegen gänzlicher oder zeitlicher Arbeitsunfähigkeit oder wegen ungenügenden Verdienstes stän=

bige Unterſtützung erhalten. Die für ſich beſtehende Armenpflege erfor=
dert (neben der fundirten Einnahme) faſt an allen Orten beſondere Um=
lagen, die ſich einſchließlich der Koſten der Arzneien für arme Kranke
jährlich überhaupt auf prpr. 2800 fl. belaufen, welche theilweiſe (bei
kleinen ſchwer belaſteten Gemeinden) aus dem Amts=Armenfonds fließen.
Dieſer kombinirt ſich aus folgenden Einnahmen:

Kollateral=Erbſchaftsgebühren zur Hälfte, Tanz=Konzeſſionstaxen,
Hundeſteuer, Polizeiſtrafen (theilweiſe) und Spielkarten=Stempelgebühren.

Neben ihm beſteht eine Amts=Waiſenkaſſe, welche er, ſoweit nicht
ihre eigenen Einnahmen aus Kapitalzinſen reichen, zu ſuſtentiren hat.
Reichen ausnahmsweiſe ihre Mittel dazu nicht aus, was nur einmal
vorgekommen, ſo haben die Gemeindekaſſen einzutreten.

Letztere ſind faſt ohne Ausnahme in blühendem Zuſtande. Ge=
meindeſchulden ſind nicht mehr vorhanden. Jedoch haben einzelne Ge=
meinden von anderen Geldern zu Kirchen= und ſonſtigen größeren Bauten
entliehen, deren baldige Rückzahlung aber geſichert iſt, indem überall
der Grundſatz ſtreng durchgeführt worden iſt, daß keine Gemeinde ein
größeres Unternehmen beginnen darf, ehe die Mittel zur Ausführung
geſichert ſind.

Zu bemerken iſt noch, daß erhebliche verzinsliche und unverzins=
liche Bezirks=Straßenbauſchulden vorhanden ſind, die aber, ſo weit ſie in
unverzinslichen Vorſchüſſen beſtehen, großentheils aus einer von dem
am 24. März 1866 verſtorbenen Landgrafen Ferdinand (dem Letzten
ſeines glorreichen Stammes) auf 15 Jahre bewilligten Subſidie von
jährlich 1500 fl. werden gedeckt werden und wenig Sorge machen. Die
verzinslichen Schulden werden aus der Bezirkskaſſe, die auch die Zinſen
alljährlich zahlt, nach einem feſtſtehenden Plane ſucceſſive getilgt; die
letzte Rate iſt 1875 zahlbar.

Cap. XVII.
Budget.

Bezirkskassen-Budget für das landgräflich hessische Oberamt Meisenheim pro 1866.

Cap.	A. Einnahme	fl.	kr.
I.	Kassenbestand aus dem vorhergehenden Jahre . .	571	44³/₄
II.	Antheil an den Korrektional-Geldstrafen	30	—
III.	Umlagen zu dem Bau und der Unterhaltung der Ober-Amtsstraßen à 11 % der Gesammtsteuer. .	5040	—
IV.	Aus dem Zuschlag zur Grundsteuer von den Gemeinde-kassen à ¹/₆ des Gesammtbetrags zum Zwecke der Landwirthschaft und Viehzucht	153	—
V.	Zur Unterhaltung des Gefängnisses zu Meisenheim: 1) Beitrag der Gemeinden des Oberamtes nach Verhältniß der Seelenzahl 259 fl. 2) Anschl. b. Wohnung des Gefangenwärters 25 „	284	—
VI.	Subsidien aus der Staatskasse 1) Ständiger Zuschuß zur Tilgung des Straßenbau-Anlehens zahlbar aus L. Renteikasse .	300	—
	2) Subsidie zur Tilgung der Bezirksschulden bezw. zu Verwendungen für weitere gemeinnützige Zwecke des Oberamts, verwilligt zufolge des höchsten Erlasses vom 30. Dezember 1864 auf die Dauer von 15 Jahren, vom Jahre 1865 bis 1879 inkl. 2. Rate zahlbar mit Oktober jeden Jahres aus L. Generalkasse	1500	—
	Summa der Einnahme . .	7878	44³/₄

Cap.	B. Ausgabe.	fl.	kr.
I.	Kosten der Unterhaltung der Oberamts-Straßen	2090	—
II.	Für den weiteren Ausbau der Oberamts-Straße von Meisenheim nach Medderdheim	580	—
III.	Kosten der Unterhaltung des Gefängnisses und zwar: 1) Unterhaltungskosten . . . . . 259 fl. 2) Anschl. b. Wohnung des Gefangenwärters 25 „	284	—
IV.	Subsidie der Gemeinde Otzweiler zum Gehalt des dasigen Schullehrers	94	—
V.	Beitrag zum Gehalt des Physikats-Thierarztes . .	150	—
VI.	Kapitalzinsen von dem Kapitalrest des Straßenbau-Anlehens ad 21 600 fl. vom 1. Oktober 1865 bis dahin 1866 à 4½ %, zahlbar am 1. April und 1. Oktober	972	—
VII.	Schuldentilgung: 1) Abschlagszahlung auf diesen Kapitalrest am 1. Oktober laut Tilgungsplan	800	—
	2) Aus der Subsidie der Staatskasse, Einnahme Kap. VI. 2, auf die von den einzelnen Gemeinden des Oberamtes zu den Baukosten der Oberamts-Straße geleisteten (unverzinslichen) Vorschüsse a) der Gemeinde Raumbach zur Tilgung älterer Gemeindeschulden . . . 736 fl. — kr. b) der Gemeinde Becherbach zur Fortführung des planmäßigen Ausbaues der Vizinalstraße nach Otzweiler . . . . 500 „ — „ c) der Gemeinde Hundsbach zum Kirchenbau . . . . 80 „ 25 „ d) der Gemeinde Krebsweiler als hinsichtlich der Straßen-Baukosten mit dem stärksten Guthaben betheiligt 183 „ 35 „	1500	—
VIII.	Hebegebühren	85	—
IX.	Betriebs-Reservefonds	323	44¾
	Summa der Ausgabe .	7878	44¾

Abschluß:

Die Einnahme beträgt . . . . 7878 fl. 44¾ kr.
„ Ausgabe „ . . . . 7878 „ 44¾ „
Vergleicht sich . — fl. — kr.

In Gemäßheit allerhöchster Entschließung Sr. königlichen Hoheit des Großherzogs-Landgrafen ist das vorstehende Bezirkskassen-Budget für das Jahr 1866 im Einvernehmen mit dem Bezirksrathe dieses Oberamtes, jedoch unter Einstellung der Kreditsumme, welche hinsichtlich der Verwendung der zufolge Erlasses vom 30. September 1864 dem Oberamte Meisenheim verwilligten außerordentlichen Subsidie ad 1500 fl. festgesetzt worden sind, in Einnahme und Ausgabe auf die Summe von 7878 fl. 44³/₄ kr. zur Vollziehung festgestellt, und insbesondere die unter den Einnahmen erscheinenden 3 Umlagen, nämlich a) für den Bau und die Unterhaltung der Oberamts-Straßen im Betrage von 11 % der gesammten direkten Steuer des Oberamtes ad 5040 fl.; b) zu Zwecken der Landwirthschaft und Viehzucht, von den Gemeindekassen mit ¹/₈ ihres Zuschlags zur Grundsteuer beizutragen ad 153 fl.; c) zur Unterhaltung des Amtsgefängnisses ad 259 fl.; von den Gemeinden nach Verhältniß der Seelenzahl beizutragen, allergnädigst genehmigt.

Cap. XVIII.
Die Einführung der preußischen Herrschaft vom Monat Juli 1866 bis dahin 1867.

Nachdem die Okkupation der großherzoglich hessischen Provinz Oberhessen und des frühern Landgrafthums Hessen=Homburg durch die königl. preuß. Truppen im Juli 1866 erfolgt war, nahm der königl. preuß. Civilkommissarius, Herr Landrath v. Briesen, in Homburg seinen Sitz. Das Oberamt Meisenheim wurde von da an unter Autorität der königlich preußischen Administration von der Regierung zu Homburg faktisch fort administrirt.

In Folge des Friedensvertrages zwischen Sr. Majestät dem König von Preußen und Sr. königl. Hoheit dem Großherzog von Hessen am 2. September 1866 wurde das Oberamt Meisenheim an Preußen abgetreten und verblieb fortwährend unter der eingesetzten Administration. Als offizielles Organ für Veröffentlichung der Gesetze ꝛc. wurde das Regierungsblatt für den Bezirk des königl. preußischen Civilkommissariats zu Homburg begründet. Schon unterm 9. November 1866 wurde das Oberamt hinsichtlich des Bergbauwesens. bis auf Weiteres dem königl. Oberbergamt zu Bonn übertragen (Regbl. Nro. 6 de 1866) und die preußische Gesetzgebung über allgemeine Wehrpflicht nebst der Militärersatz=Instruktion vom 9. September 1858 wurde am Schlusse des Jahres 1866 eingeführt (Regbl. Nro. 4 de 1867).

Das allgemeine Berggesetz für die preußischen Staaten vom 24. Juni 1865 wurde durch allerhöchste Verordnung vom 22. Februar 1867 (Regbl. Nro. 7) für das vormalige Landgrafthum als maßgebend publizirt.

Durch allerhöchsten Erlaß vom 2. Februar 1867 (Regbl. Nro. 8) wurde das Oberamt Meisenheim dem Oberpräsidenten der Rheinprovinz bezw. der königlichen Regierung zu Koblenz zur einstweiligen Administration nach Maßgabe der in Preußen bestehenden Verwaltungsvorschriften überwiesen. Indessen führte die Landesregierung zu Homburg die Administration noch fort und erst mit dem 1. Juni 1867 ging dieselbe an das königliche Oberpräsidium der Rheinprovinz, beziehungsweise an die königliche Regierung zu Koblenz über (cfr. Regbl. Nro. 10).

Damit hörte das Regierungsblatt für den Bezirk des königlich preußischen Civilkommissariats zu Homburg auf, gesetzliches Organ für das Oberamt Meisenheim zu sein, und der über 50 Jahre bestandene Verband zwischen dem Oberamt Meisenheim und dem Amte Homburg hatte sein Ende erreicht.

Eine wesentliche Veränderung trat bald in der bisherigen Organisation des Justizwesens ein. Das bisherige Justiz-Oberamt wurde aufgehoben, in einen einfachen Friedens-Gerichtsbezirk umgewandelt und dem Landgericht zu Koblenz, resp. dem Untersuchungsamt Simmern zugewiesen. Alle seit dem 5. April 1815 ergangenen, das Civil- und Strafrecht, so wie die Civil- und Strafrechts-Pflege betreffenden Gesetze, Verordnungen und Bestimmungen, welche in dem Landgerichts-Bezirke Koblenz Gesetzeskraft haben, wurden vom 1. Juli ab als in dem Oberamt eingeführt erklärt, dagegen die seit jenem Zeitpunkte von der landgräflich homburgischen und großherzoglich hessischen Regierung in den angegebenen Beziehungen erlassenen Gesetze, Verordnungen und Bestimmungen aufgehoben (cfr. Ges.-S. Nro. 43 S. 700).

Im Steuerwesen sind bedeutende Veränderungen erfolgt, indem
a) hinsichtlich der direkten Steuern durch allerhöchste Verordnung vom 4. Juni 1867 (G.-S. Nro. 49 S. 761) vom 1. Juli 1867 ab die bisherige Fenster- und Thür-, die Personal- und Mobiliensteuer und die Patentsteuer aufgehoben und an deren Stelle die durch die preußischen Gesetze eingeführte Klassen- und klassifizirte Einkommensteuer, die Gewerbesteuer und die Gebäudesteuer gesetzt wurde. Die bisherige Grundsteuer soll bis auf Weiteres noch fortbestehen, jedoch ist $^1/_6$ derselben erlassen worden;
b) hinsichtlich der indirekten Steuern verfügt die allerhöchste Verordnung vom 3. Juni 1867 (Ges.-Samml. Nro. 50 S. 776), daß alle seit dem 15. April 1815 ergangenen, die Zölle und inneren indirekten Steuern und Abgaben betreffenden Gesetze, Verordnungen und Bestimmungen

welche im Regierungsbezirk Koblenz Kraft haben, mit derselben Wirkung vom 1. Juli d. J. ab in dem Oberamt Meisenheim eingeführt, und daß dagegen die seit jenem Zeitpunkte von der landgräflich homburgischen und der großherzoglich hessischen Regierung in den angegebenen Beziehungen erlassenen Gesetze, Verordnungen und Bestimmungen aufgehoben sein sollen. Hiermit ist auch die preußische Gesetzgebung über die indirekte Besteuerung in dem Oberamt eingeführt und kamen dafür in Wegfall:
1) die bisherigen Einregistrirungsgebühren;
2) die bisherigen Stempelabgaben;
3) die bisherigen Kollateral-Erbschaftsgebühren;
4) die bisherige Taxe für Jagd-Erlaubnißscheine.

Durch allerhöchsten Erlaß vom 15. Juli 1867 ist das Hypothekenamt in Meisenheim aufgehoben und dem Hypothekenamt zu Simmern übertragen worden.

Fünfte Abtheilung.

Cap. XIX.
Bedürfnisse und Wünsche.

Energische Anstrengungen zur Herstellung einer Verbindungsbahn zwischen den beiden südlich und nördlich dem Oberamt am nächsten liegenden Haupt-Eisenbahnen wurden schon mehrmals, aber bis jetzt ohne Erfolg gemacht. Von der preußischen Regierung, die in richtiger Erkenntniß der Lebenskraft eines Volkes allen im Lande sich kundgebenden Bestrebungen für intellektuellen und materiellen Fortschritt in eminenter Weise unter. die Arme zu greifen pflegt, erhofft man allgemein d i e Hilfe und Unterstützung, die bisher dafür nicht zu finden war; denn man weiß, daß bei ihr die Kraft mit dem guten Willen verbunden ist. Nicht minder wichtig ist die möglichste Erhaltung der Behörden, welche Meisenheim schon seit langen Jahren gehabt hat. Seine Isolirung von Homburg, die man von Anfang an übel empfunden hatte, und, unter höheren Gesichtspunkten betrachtet, schwer ins Gewicht fallende Nachtheile im Gefolge haben mußte, machte es nothwendig, diesen Landestheil möglichst selbstständig zu machen, um ihn zu eigener, voller Lebensthätigkeit zu befähigen.

So erhielt das Oberamt allmälig ein evangelisches Konsistorium, eine katholische Dechanei und ein Rabbinat; ferner ein Gericht mit Staatsanwaltschaft und mehreren Rechtsanwälten, welchem, mit Ausnahme der Urtheilsfällung in Kriminalsachen, eine universelle Kompetenz in erster Instanz beigelegt war; ein vollständig konstituirtes Landraths-Amt, ein eigenes Physikat, eine Hauptkasse (Rentei) für alle staatlichen Einnahmen und Ausgaben im Amtsbezirk, ein eigenes Hypothekenamt, einen Bezirksrath, eine Amts-Armenkommission mit einer Amtsarmen- und Amtswaisen-Kasse, einen amtlichen Veterinärarzt, einen öffentlichen Baumeister, ein Eichamt — kurz Anstalten und Einrichtungen für eine selbstständige Existenz in viel größerem Umfange, als sie für ein preußisches Landrathsamt erforderlich sind. Dabei sorgten meisenheimer Kauf= und Handelsleute nicht minder wie die Gewerbetreibenden dafür, daß keine Nachfrage nach einem wesentlichen Bedürfnisse **außerhalb des Bezirks** Befriedigung zu suchen nöthig hatte und alle Ausfuhr gehörige Vermittelung fand.

Die großen Vortheile, welche die Vereinigung aller jener Behörden an einem und demselben Orte den Amtseingesessenen bisher gewährt hat, liegen zu klar und selbstverständlich vor Augen, als daß sie einer nähern Erwähnung bedürften. Wir wollen daher nur darauf aufmerksam machen, daß durch die langjährige Vereinigung jener Behörden die sozialen Verhältnisse und der Bildungsstand der Einwohner Meisenheims sich auf eine Höhe erhoben haben, die im Vergleiche zur Größe dieses uralten Residenzstädtchens ganz exceptionell ist und demselben einen Glanz verleiht, der alle Fremden, die Gelegenheit haben, davon Kenntniß zu nehmen und mit andern linksrheinischen Landstädtchen zu vergleichen, auf das Angenehmste überrascht. So manches liebe Nachbarstädtchen sieht denn auch mit Neid auf diese neueste (und zwar einzige) **linksrheinische Errungenschaft des preußischen Staats**.

Das fernere Zusammenwirken dieser Verhältnisse würde das Oberamt und seinen Hauptort gewiß wieder auf **die Höhe gebracht haben, auf der sie vor der französischen Revolution zur pfalzzweibrückischen Zeit gestanden**, wenn nicht durch erstere und die ihr nachgefolgte Fremdherrschaft sein Territorium außerordentlich geschmälert worden wäre.

Unter diesen Umständen wird es begreiflich erscheinen, wenn nicht allein die Erhaltung des Amtsbezirks in seiner Integrität, sondern auch und vornehmlich die Erweiterung desselben zu der **Größe eines mäßigen preußischen Kreises** zu den vornehmsten Wünschen des Oberamts und namentlich seines Hauptortes Meisenheim gehört. Wer wahrgenommen hat, mit welcher Herzlichkeit die alten preußischen Brüder (ein Landwehrbataillon, welches im Sommer 1866 unerwartet zur Besetzung des Oberamts in Meisenheim einrückte) hier empfangen und gepflegt und mit welcher innigen Befriedigung die Einverleibung des Oberamts in die preußische Monarchie aufgenommen wurde, dem wird kein Zweifel darüber bleiben, daß es neben dem Glück der Rückkehr zu dem unterdessen mächtig erstarkten großen preußischen Staate, von dem man 50 Jahre getrennt gewesen, die Hoffnung auf bessere uud glücklichere Zeiten war, welche der durch diese Vorgänge hervorgerufenen freudigen Erregung zu Grunde lag. Sie wurde seitdem gestärkt und gehoben durch die allen neu erworbenen Ländern ertheilten allergnädigsten Zusicherungen, insbesondere aber durch die Ansprache, zu welcher der königliche Kommissar bei Gelegenheit der rechtsförmlichen Vollziehung der Einverleibung zu Homburg veranlaßt war und in der auf ergreifende Weise ein besonderes **landesväterliches und gnädiges Wohlwollen Sr. Maj. des Königs für die alte mit ihrer glorreichen Dynastie erloschene Landgrafschaft Hessen-Homburg zum Ausbruck gebracht wurde.** Seitdem ist man überzeugt, daß die neue, an Mitteln unendlich reiche Regierung das Restaurationswerk vollenden werde, welches die alte Landesherrschaft bis zu der Grenze geführt hatte, die ihm durch seine politische Lage gesteckt war.

Zu erwähnen ist hiernächst noch der bei der Bevölkerung vielfach laut gewordene Wunsch, das Oberamt dem Regierungsbezirk Trier zugetheilt zu sehen; nicht etwa, weil man einer königlichen Regierung vor der andern den Vorzug gibt, sondern weil der unmittelbare Verkehr (nicht der hier gleichgiltige, seine Wege frei wählende Großhandel) des Oberamts innerhalb Preußens sich wesentlich auf den zunächst angrenzenden Kreis St. Wendel beschränkt, weil es — das Oberamt — in Sitten, Gebräuchen, Mundart ꝛc. ꝛc. an diesen Kreis sich anschließt, weil es zur Zeit der französischen Herrschaft seinen Präfekten zu Trier und seine sonstigen höheren Behörden im Bezirke dieser Präfektur hatte und auch später bis zur Abtretung von Seiten Preußens an Hessen-Homburg mit demselben verbunden blieb und daher noch viele Sympathie für Letzteren vorhanden ist, die sich auch schon früher bei gebotener Gelegenheit thatsächlich sehr bemerkbar gemacht hat.*) Diese alte Verbindung wurde auch durch vielfaches freundliches Entgegenkommen von Seiten der königlichen Regierung zu Trier gepflegt.

Wie sehr die Interessen der Einwohner des Oberamts und des Kantons Grumbach verwachsen sind, ist bei den Bewerbungen um eine Eisenbahn wieder klar hervorgetreten, indem sie überall in Verbindung mit einander wirkten und es heute noch thun.

---

*) Als der landwirthschaftliche Verein für Rheinpreußen im Jahre 1861 eine Generalversammlung zu Trier abhielt, war dieselbe von mehr als 100 meisenheimer Mitgliedern besucht, die viele Prämien erhielten. Auf den in den letzten Jahren am Rhein (zu Bonn und Neuwied) abgehaltenen Versammlungen war dagegen Meisenheim nur durch 2—3 Personen vertreten.

Als fernerer Beweis, wie eng die meisenheimer Bevölkerung mit der des Nachbarkreises St. Wendel verbunden ist, dürfte auch noch die Thatsache anzuführen sein, daß bald nach erfolgter Annektirung des Oberamts viele Bewohner des zum Kreise St. Wendel gehörigen Kantons Grumbach petitionirt haben, mit Meisenheim zu einem Kreise vereinigt zu werden, wobei sie als selbstverständlich voraussetzten, daß Meisenheim einen selbstständigen Kreis bilden und wieder dahin gelegt werden würde, wohin es früher schon unter preußischer Herrschaft Jahr und Tag lang gehört hat, nämlich zum Regierungsbezirk Trier.

Alle Bedenken, welche gegen die eventuelle Veränderung der Grenzen des Kreises St. Wendel, namentlich wegen der Zerreißung der bisherigen Kirchen= und Schulverbände obwalten mögen, würden sich in diesem Falle viel leichter erledigen, als wenn das Oberamt Meisenheim mit dem Kanton Grumbach zum Regierungsbezirk Koblenz gelegt werden sollte.

Schließlich müssen wir auch noch darauf aufmerksam machen, daß die schon seit einer Reihe von Jahren ventilirte Frage, wo ein evangelisches Schullehrer=Seminar für den Regierungsbezirk Trier am zweckmäßigsten einzurichten sein dürfte, sich am einfachsten und vollkommensten lösen würde, wenn zum Sitze desselben die altprotestantische Stadt Meisenheim gewählt werden sollte, denn unter der dortigen Bevölkerung von 1882 Seelen gibt es 1458 Evangelische,
und nur 217 Katholiken
9 Neukatholiken und
198 Juden.

Hier (in nächster Nähe der Eisenbahn) sind geeignete Lehrkräfte und Lokalitäten (das Schloß) leicht zu beschaffen; hier vereinigt sich eine reizende Landschaft mit einem herrlichen Klima, einer blühenden Landwirthschaft und einer soliden, wohlhabenden, opferwilligen, intelligenten, patriotisch gesinnten Bevölkerung. Hier ist gut sein, hier laßt uns Hütten bauen, wenn es gilt, Volksschullehrer hauptsächlich für die ländliche Bevölkerung des Regierungsbezirks Trier zu erziehen!*)

---

*) Seit der provisorischen Vereinigung mit Koblenz hat das Oberamt die erfreuliche Erfahrung gemacht, daß es sich auch unter dem Regiment der dasigen, bisher weniger bekannt gewesenen hohen Behörden gut leben läßt. Die Pflicht der Dankbarkeit gebietet, dieses ausdrücklich anzuerkennen und alles Weitere getrost abzuwarten.

Anhang.
Noch einmal die Konsolidationsfrage und die Rheinprovinz.

In dem rheinpreußischen Konsolidationsfreunde (Köln und Neuß bei Schwan) hat Regierungsrath Beck die Frage:

was für das baldige Zustandekommen eines dem Rechtsbewußtsein und den landwirthschaftlichen Zuständen der Rheinprovinz möglichst entsprechendes Konsolidationsgesetz geschehen könne?

dahin beantwortet:

daß man das in jener Schrift abgedruckte großherzoglich hessische Gesetz, betreffend Zusammenlegung der Grundstücke, Theilbarkeit der Parzellen und Feldwege-Anlagen vom 24. Dezember 1857 auch als Grundlage für die Rheinprovinz adoptiren möge.

Dies ist mittler Weile, wie das nachstehende Gesetz beweist, im Oberamte Meisenheim geschehen. Sehr bald wird nun dieses sehr brauchbare Gesetz wegen seiner ferneren Anwendbarkeit, z. B. hinsichtlich des Instanzenzugs, der Bestimmungen über die Minimalparzellen u. s. w., von der preußischen Gesetzgebung einer Revision unterworfen werden und dann scheint uns die Frage nahe zu liegen, ob dasselbe nicht für die ganze Rheinprovinz anwendbar zu erklären sein dürfte. Man mäkle nicht um einzelne Bestimmungen, wenn es ein großes Ziel zu erreichen gilt. Den Grundbesitzern, welche ein solches Gesetz (auch nicht zur Feldwege-Regulirung?) nicht gebrauchen, mögen es doch ihren weniger glücklichen Kollegen, die an der Last eines stark parzellirten Grundbesitzes von Jahr zu Jahr schwerer zu tragen haben, gönnen und zwar ebenso ohne allen persönlichen Nachtheil, wie dies z. B. mit dem Wiesengenossenschafts-Gesetze längst der Fall ist!

Gesetz,

Zusammenlegung der Grundstücke, Theilbarkeit der Parzellen und Feldwege-Anlagen betreffend.

Wir Ferdinand, von Gottes Gnaden souveräner Landgraf zu Hessen ꝛc. ꝛc.

Um die Zusammenlegung der in einer Gemarkung oder in einem Theile derselben zerstreut liegenden Grundstücke derselben Besitzer, sowie um die zweckmäßige Anlage der Feldwege zu erleichtern und zu befördern, auch um eine allzugroße Zerstückelung der Parzellen zu verhüten, haben Wir im Einvernehmen mit den Bezirksräthen Unserer beiden Aemter zu verordnen beschlossen und verordnen hiermit, was folgt:

I. Voraussetzungen der Gültigkeit eines Beschlusses über eine Güter=zusammenlegung oder neue Feldeintheilnng.

Art. 1. Die Zusammenlegung von Grundstücken soll nicht blos bei freier Vereinigung sämmtlicher Grundeigenthümer in einer oder in mehreren Fluren oder Gewannen, sondern auch alsdann stattfinden, wenn:

1) mehr als die Hälfte der Eigenthümer der zusammenzulegenden Grundstücke sich dafür erklärt und

2) diese Mehrheit sich zugleich im Besitze von zwei Drittheilen des Flächengehalts der zusammenzulegenden Grundstücke befindet, auch

3) die Hälfte der Grundsteuer=Kapitalien (— im Oberamte Meisen=heim tritt bis zur Aufstellung eines allgemeinen Katasters an die Stelle der Steuerkapitalien die Steuerquote —) aller zusammenzulegenden Grundstücke auf diese Mehrheit fällt.

Art. 2. Mehrere Miteigenthümer eines Grundstücks (einer Par=zelle) werden wie ein Eigenthümer gezählt. Bei Meinungsverschieden=heit unter mehreren Miteigenthümern entscheidet die Ansicht der Mehr=zahl derselben und bei gleichen Stimmen das Loos.

Für Minderjährige, oder aus andern Gründen unter Kuratel ste=hende Personen handeln, ohne daß es einer obervormundschaftlichen Ge=nehmigung bedarf, deren Vertreter.

Die Lehns= und Erbleihträger von Grundstücken sollen in Bezug auf alle Bestimmungen dieses Gesetzes den Eigenthümern der Grund=stücke gleich geachtet werden. (Vergl. Art. 11.)

Art. 3. Die Abstimmung über Zusammenlegung von Grundstücken wird von dem Verwaltungsamt geleitet und kann durch den Antrag eines oder mehrerer Betheiligten veranlaßt werden, wenn das Verwaltungsamt den Antrag auf vorherige Prüfung für geeignet und den Verhältnissen für entsprechend hält.

Sobald ein solcher Antrag gestellt und von dem Verwaltungsamt gebilligt worden ist, ist von dieser Behörde eine summarische Beschreibung der zusammenzulegenden Fläche vier Wochen lang in der betreffenden Gemeinde offen zu legen und eine in dieser Gemeinde sowie in den angrenzenden Orten in ortsüblicher Weise bekannt zu machende, auch in den Amts- und Intelligenzblättern einzurückende Aufforderung zur Abstimmung an einem bestimmten Tage unter dem Anfügen zu erlassen, daß die weder in Selbstperson noch durch gehörig legitimirte Bevollmächtigte abstimmenden Grundeigenthümer (Art. 1) als der Mehrheit der Abstimmenden beitretend angesehen werden sollen.

Bei etwaiger Stimmengleichheit der Abstimmenden werden die Nichtstimmenden demjenigen Theil der ersteren beigezählt, welche den größten Flächengehalt in den zu konsolidirenden Gemarkungstheilen besitzen.

Die Abstimmung selbst erstreckt sich nicht nur auf die Frage, ob eine Zusammenlegung stattfinden, sondern auch darauf, in welcher Ausdehnung dieselbe eintreten soll.

II. Grundsätze, nach welchen die Zusammenlegung vorzunehmen ist.

Art. 4. Der Zusammenlegung (Art. 1) sind, vorbehaltlich der am Schlusse gegenwärtigen Artikels, sowie der im Art. 7 bemerkten Ausnahmen, nicht unterworfen:

1) Grundstücke, die ihrer Lage nach als Bauplätze zu betrachten sind;
2) Sand-, Lehm-, Thon- und Erzgruben, Stein- und Schieferbrüche, Torf-, Steinkohlen-, Braunkohlen- und Gypslager, endlich zum Bergbau gehörige Grundstücke, sofern diese Gruben, Brüche, Lager und Bergwerke im Betriebe sind;
3) Grundstücke, auf welchen sich Mineralquellen befinden, soweit es dieser Grundstücke zur angemessenen Benutzung dieser Quellen bedarf;
4) Hofgüter, deren Grundstücke in wohlgerundetem Zusammenhang um das Hofgebäude liegen;
5) innerhalb der Fluren liegende eingefriedigte Gärten, sodann Baumstücke, Weinberge und Waldstücke, letztere insoweit sie forstwirthschaftlich behandelt werden und Theile eines forstwirthschaftlichen Ganzen sind.

Uebrigens ist es den Besitzern der unter 1 bis 5 bezeichneten Grundstücke gestattet, an der Zusammenlegung freiwillig sich zu betheiligen. So lange sie jedoch ihre desfallsige Erklärung nicht ausdrücklich abgegeben haben, sind sie weder selbst bezüglich der betreffenden Grundstücke als stimmberechtigt zu betrachten, noch können diese Grundstücke bei der Anwendung der im Art. 1 enthaltenen Bestimmungen mitgezählt werden.

Die Zuziehung zur Zusammenlegung wird durch einzelne Obst- und Waldbäume, welche auf den zusammenzulegenden Acker- und Wiesenparzellen stehen, nicht gehindert.

Wer durch die Zusammenlegung und neue Vertheilung Obstbäume verliert, erhält von Demjenigen, welchem sie dabei zufallen, Entschädigung in Geld.

Für unfruchtbare, unveredelte oder abgängige Obstbäume, sowie für Waldbäume hat der neue Besitzer dem frühern Besitzer nur dann Entschädigung zu leisten, wenn er sie auf dem ihm zugefallenen Grundstücke behalten will und nicht vorzieht, deren Entfernung dem früheren Besitzer zu überlassen.

Fallen fruchttragende Obstbäume bei der Zusammenlegung in die Scheidlinie, so sind bis zu ihrem Abgange die angrenzenden Grundeigenthümer, welche den seitherigen Eigenthümer nach obigen Grundsätzen zu entschädigen haben, berechtigt, diese Bäume gemeinschaftlich zu benutzen.

Ausnahmsweise können auf Antrag von wenigstens drei Eigenthümern durch besondere Verordnung der Staatsregierung einer ein= maligen Zusammenlegung nach den Bestimmungen dieses Gesetzes solche Weinberge unterworfen werden, welche wegen ihrer großen Zersplitterung und wegen der Unsicherheit der Parzellengrenzen nicht gehörig kultivirt werden können, und sollen in solchem Falle bei der Abstimmung nach dem Art. 1 bis 3 diejenigen Betheiligten, welche sich nicht ausdrücklich gegen die Zusammenlegung erklären, als zustimmend angesehen werden.

Art. 5. Zur Ausführung der Zusammenlegung sind diejenigen Grundstücke, über welche sie sich erstrecken soll, von besonderen Experten nach ihrem Werthe abzuschätzen und soll sofort jedem Theilnehmer sein Hauptbesitz, wo möglich am seitherigen Orte, sein zur besseren Feldeintheilung und Zusammenlegung gezogener vereinzelter Grundbesitz aber in diesem nach seiner Güte gleichem oder nahestehendem Grund und

Boden und unter Berücksichtigung desjenigen besondern Werthes ersetzt werden, welchen die abgetretenen Grundstücke durch ihre Lokalität hatten. Kann der zu leistende Ersatz ohne großen Nachtheil für die ganze Eintheilung **nicht vollständig** durch Grund und Boden bewirkt werden, so ist er durch eine Vergütung in Geld zu ergänzen.

Die in Folge des gegenwärtigen und des vorhergehenden Artikels stattfindenden Gleichstellungen in Geld sind in der Regel gleichzeitig mit der Besitzeinweisung in das neu erworbene Grundstück baar zu entrichten. Es kann jedoch die Kommission (Art. 20) auch Termine, aber nicht über ein Jahr, gestatten, vorausgesetzt, daß genügende Sicherheit geleistet wird. In letzterem Falle, wo das zur Gleichstellung herauszuzahlende Geld nicht sofort baar entrichtet wird, ist die Herauszahlungssumme vom Tage der Besitzergreifung des Grundstücks landesüblich zu verzinsen.

Für die in Folge des gegenwärtigen Artikels zu leistenden Herauszahlungen haftet im Oberamt Meisenheim auf dem betreffenden Grundstück das im Art. 2103 Nro. 1 des bürgerlichen Gesetzbuches vorgesehene Vorzugsrecht.

Art. 6. Verschiedenheiten der Grundstücke in Bezug auf den Düngungszustand und die für die nächste Ernte geschehene Arbeit sind durch sofortige Baarzahlung in Geld auszugleichen, sofern nicht von den Theilnehmern im Voraus darauf verzichtet wird.

Ebenso sind etwaige dauernde Vorrichtungen und ein außerordentlicher Aufwand zur Erhöhung des Ertrages oder zum Schutz der Grundstücke von dem neuen Eigenthümer insoweit zu vergüten, als sie demselben zum Nutzen gereichen und nicht schon bei der Schätzung berücksichtigt worden sind.

Art. 7. Eine nach dem Art. 4 der Zusammenlegung nicht unterworfene Liegenschaft kann beigezogen werden, wenn das Unternehmen sonst nicht ausführbar ist. Diese Ausnahme von der Regel findet jedoch keine Anwendung auf einen zur Hofraithe gehörigen Hausgarten.

Die Zuziehung der ausgenommenen Grundstücke kann beim Widerspruch des Eigenthümers nur gegen volle, nach Maßgabe des Gesetzes über die Abtretung von Privateigenthum zu öffentlichen Zwecken zu leistende Entschädigung geschehen.

Art. 8. Grundstücke, welche nach Maßgabe gegenwärtigen Gesetzes an einer Zusammenlegung betheiligt waren, können, soferne sie später unzerſtückelt geblieben, überhaupt nicht, ſonſt aber nur nach Ablauf von zwanzig Jahren gegen den Willen des Beſitzers zu einer nochmaligen Zuſammenlegung zugezogen werden.

Art. 9. Gleichzeitig mit der Zuſammenlegung der Grundſtücke ſind alle Einrichtungen und gemeinſchaftliche Anſtalten der Flur, als Wege, Bäche, Brücken u. ſ. w., zweckmäßig zu ordnen und wegen der Unterhaltungspflicht die erforderliche Anordnung zu treffen.

Der hierzu nöthige Raum iſt von der Maſſe der zuſammenzule=genden Grundſtücke wegzunehmen, wogegen die einzuziehenden Wege ꝛc. wieder zur Maſſe fallen.

Ergibt ſich hierbei ein Ueberſchuß, ſo iſt er, wenn der Erlös dar=aus nicht etwa zur Beſtreitung der Koſten verwendet werden ſoll, unter ſämmtliche Theilnehmer nach dem Verhältniſſe zu vertheilen, in welchem ſie an der Maſſe Theil nehmen.

Ein etwaiger Mehrbedarf iſt nach demſelben Verhältniſſe von ſämmtlichen Theilnehmern zu decken.

III. Beſtimmungen wegen etwa beſtehender Rechtsſtreitigkeiten und über die Rechte Dritter.

Art. 10. Der Ausführung der Zuſammenlegung ſteht nicht ent=gegen, daß hinſichtlich eines Grundſtücks die Eigenthumsverhältniſſe ungewiß ſind, oder daß das Grundſtück einer noch nicht vertheilten Erb= oder Konkursmaſſe angehört. In ſolchen Fällen iſt der Beſitzer des Grundſtücks als Vertreter bei der Zuſammenlegung zu behandeln.

Als Beſitzer iſt derjenige anzuſehen, auf deſſen Namen das Grund=ſtück im Grund= (Flur=) buche eingetragen iſt. Nur wenn der Einge=tragene oder bekannte Erben deſſelben nicht exiſtiren oder abweſend ſind, entſcheidet der bloße Naturalbeſitz.

Bei Gränzſtreitigkeiten wird die ſtreitige Fläche, inſofern die Par=theien ſich nicht einigen können und dieſelbe als beſondere Parzelle ſich nicht niederlegen läßt, in die Konſolidationsmaſſe genommen und nach angetragenem Rechtsſtreit der Taxationswerth hierfür in Geld vergütet.

Art. 11. Den Lehens= und Erbleihherren, den Anwärtern bezüg=lich der zu einem Fideikommiſſe gehörenden Grundſtücke, den Zehnt=, Grund= oder Tilgungsrente=, Fiſcherei=, Weide= und ſonſtigen Servitut-Berechtigten und den Pfandgläubigern ſteht kein Widerſpruchsrecht ge=gen die Zuſammenlegung ꝛc. zu; ſie können nur inſofern an den Ver=handlungen Theil nehmen, als es hierbei auf Sicherung ihrer Rechte ankommt.

Dasselbe gilt von Pächtern und zeitlichen Nutznießern.

Art. 12. Die zum Ersatz angewiesene Liegenschaft tritt in Bezug auf die im vorigen Artikel genannten Berechtigten in Ermangelung anderer Vereinbarung nach dem Verhältnisse der Berechtigung möglichst in dieselben Rechtsverhältnisse ein, in welchen die abgetretene Liegenschaft gestanden hat (Art. 13 und 14).

Insoweit dieser Uebergang auf das zum Ersatz angewiesene Grundstück nicht thunlich ist, kommt die Last, welche auf den bisher belasteten Grundstücken ruhen bleibt, bei der neuen Vertheilung in Anschlag, so daß dem neuen Eigenthümer des Grundstücks hierfür, insoweit seine bisherige Liegenschaft frei oder weniger belastet war, eine Vergütung zu Theil werden muß.

Art. 13. General-Pfandrechte erlöschen in Ansehung der abgetretenen Bestandtheile und gehen, unter Beibehaltung ihres gegenseitigen Verhältnisses, auf die dagegen eingetretenen über.

Haften Pfandrechte auf einzelnen Grundstücken, welche ganz oder theilweise abgetreten werden, so muß ein jeder Pfandgläubiger, wenn und soweit der ihm verpfändete Gegenstand in andere als des Verpfänders Hände kommt, sich gefallen lassen, daß seine Hypothek auf einen andern Güterwerth des Verpfänders in derselben Gemarkung, welcher wenigstens gleiche Sicherheit darbietet, übertragen und die frühere Einschreibung gelöscht werde.

In Ermangelung freier Uebereinkunft der Betheiligten bezeichnet die nach Art. 20 zu bildende Kommission das neue Unterpfand, welches an die Stelle des alten treten soll, vorbehaltlich der Entscheidung des Plenums der Landesregierung im Falle einer Reklamation (Art. 23).

Findet in Folge der Zusammenlegung eine Herauszahlung an den Pfandschuldner statt, so kann dieselbe, mit Ausnahme der in dem ersten Absatze des Art. 6 vorgesehenen Ausgleichungssumme, gültig nur an den Pfandgläubiger geleistet werden. Sind mehrere Pfandgläubiger vorhanden und haften ihre Pfandrechte auf verschiedenen, ihnen besonders verpfändeten Grundstücken, so hat derjenige von ihnen die Herauszahlung zu erhalten, welchem die Gegenstände, wofür die Entschädigung nach Maßgabe des Art. 4 und des Art. 6 im zweiten Absatz geleistet wird, verpfändet sind. Außerdem und wenn die Herauszahlung in Gemäßheit der Art. 5 und 9 stattfindet, hat die Kommission zu bestimmen, wie viel ein jeder von den mehreren Pfandgläubigern nach Verhältniß des Werthes seines konsolidirten Unterpfandes zu erhalten hat. Haften dagegen die Pfandrechte mehrerer Gläubiger auf einem und demselben Objekt und stehen somit dieselben in dem Verhältniß der Vor- und Nachhypothek zu einander, so muß, wenn eine Vereinbarung zwischen den Pfandgläubigern nicht zu Stande kommt, die Entschädigungssumme deponirt und die Austragung des Streits über die Priorität an die Gerichte verwiesen werden.

Oeffentliche Hinterlegungen von Geldern erfolgen nach Maßgabe der in dem Gesetze über die Wiesenkultur getroffenen bezüglichen Bestimmung.

Die Bestimmungen dieses Artikels finden im Oberamte Meisenheim auch auf die Privilegien (Bürg. Ges.-B. Art. 2103, 2106 ff.) Anwendung.

Art. 14. Die Bestimmungen über die Pfandrechte gelten auch von den Rechten aus dem Vorbehalte des Eigenthums wegen einer Schuld, ferner von Separations- und sonstigen auf den Grundstücken haftenden Sicherheitsrechten.

Ganz dasselbe tritt im Oberamte Meisenheim, namentlich bezüglich der revokatorischen, Resolutions- und Nichtigkeitsklagen ein, insoweit durch diese die Räumung von Immobilien, auch wenn sie in dritten Händen sind, verfolgt werden kann.

Besitzt Einer der Betheiligten aus verschiedenen Ehen herrührende oder demnächst getrennt zu vererbende Grundstücke, so sind die demselben als Ersatz zufallenden Grundstücke zwar ebenfalls soweit als thunlich nebeneinander zu legen, jedoch stets durch Gränzzeichen getrennt zu halten, damit genau ersichtlich ist, welche Parzelle an die Stelle einer bestimmten andern getreten ist.

Insoweit abgetretene Grundstücke im Grund- (Flur-) Buche mit der Vormerkung: „beschränkt" oder „gehemmt" oder „streitig" eingetragen sind, müssen die zum Ersatz gegebenen Grundstücke mit der gleichen Vormerkung unter denselben Voraussetzungen, wie bei Pfandrechten (Art. 13), auf den Namen des Erwerbers in dem Grund-(Flur-) buche eingetragen werden.

Art. 15. Die in Folge der Zusammenlegung der Grundstücke nicht zu übertragenden, sondern erloschenen Dienstbarkeiten und Lasten, als Wegservituten ꝛc., sind bei Abschätzung der belasteten Grundstücke mit zu berücksichtigen und kommen somit bei Berechnung des den bisherigen Eigenthümern aus der Masse gebührenden Ersatzes in Abzug.

Art. 16. Kommt eine Zusammenlegung von Grundstücken während der, wegen eines oder mehrerer derselben, noch laufenden Pachtzeit zu Stande, so sind die Verhältnisse zwischen Verpachter und Pachter zunächst nach den Bestimmungen der Pachtverträge, in Ermangelung derselben, aber nach folgenden Regeln zu ordnen.

Das vom Verpachter abgetretene Land fällt aus dem Pacht und das zum Ersatz desselben erworbene tritt dafür ein.

Der Verpachter allein trägt sämmtliche Kosten, welche aus dem Umtausch und den in Folge desselben nothwendig werdenden Einrichtungen entstehen. Davon tritt eine Ausnahme ein in Ansehung der Kulturarbeiten, welche an den in Folge der Zusammenlegung zum Umsatz gelangten Grundstücken selbst etwa vorzunehmen sind, als Ebnung des Bodens ꝛc.

Die hierdurch entstehenden Kosten hat der Pachter zu übernehmen, wenn die Arbeiten zur Herbeiführung einer gehörigen Bebauung der Grundstücke durchaus nothwendig sind und die dafür verwendeten Kosten durch die dem Pachter aus der Zusammenlegung und neuen Feldeintheilung erwachsenden Vortheile während der Dauer der Pachtzeit ersetzt werden.

Will übrigens der Pachter diesen Leistungen durch Kündigung des Kontrakts sich entziehen, so ist ihm dies zwar gestattet, allein einen Anspruch auf Entschädigung kann er deshalb nicht bilden. Auch kann der Verpachter die Auflösung des Pachtverhältnisses dadurch abwenden, daß er diese Leistungen selbst übernimmt, in welchem Falle der Pachter verbunden ist, die bestrittenen Kosten während der Dauer der Pachtzeit mit 4% zu verzinsen, sofern die Kulturarbeiten überhaupt noch einen Nutzen für ihn haben.

Art. 17. Hat eine Ausgleichung des Ersatzes zwischen verschiedenen Theilnehmern in Geld stattgefunden (Art. 6), so sind, falls der Verpachter eine Geldsumme erhalten hat, die Zinsen derselben zu vier vom Hundert von dem jährlichen Pachtgelde abzurechnen.

Hat er aber eine solche Summe ausgezahlt, so ist das Pachtgeld um den Betrag jener Zinsen zu erhöhen. Hat der Verpachter in Folge der Bestimmungen des Art. 6 eine Zahlung an andere Theilnehmer zu leisten, so hat der Pachter in jedem Pachtjahre davon an ihn außer dem Pachtgelde soviel zu bezahlen, als nach den bei der Berechnung angenommenen Grundsätzen in jedem Jahre von den in Frage stehenden Verwendungen Nutzen zu erwarten ist.

Ist eine Entschädigung dieser Art (Art. 6) an einen Pfandgläubiger zu bezahlen (Art. 13), so sind die Zinsen der Entschädigungssumme zu 4 °/₀ von dem jährlichen Pachtgeld abzurechnen. Dasselbe findet statt, wenn der Verpachter die Entschädigungssumme zu empfangen hat, was alsdann geschehen muß, wenn die im Art. 6 erwähnten Verwendungen von dem Verpachter vorgenommen worden sind. Sind aber diese Verwendungen von dem Pachter gemacht worden, so hat dieser sie zu empfangen, jedoch am Ende der Pachtzeit das statt des ursprünglich verpachteten in den Pacht eingetretene Grundstück in dem Zustande an den Verpachter zu übergeben, in welchem es zu dieser Zeit nach den bei der Berechnung der Geldausgleichung angenommenen, von der Kommission (Art. 20) zu protokollirenden Voraussetzungen bei gehöriger Bewirthschaftung sein kann und soll.

Art. 18. Kommt ein einzelnes, für sich allein verpachtetes Grundstück dergestalt zum Umsatz, daß nicht ein anderes einzelnes Grundstück an dessen Stelle tritt, so soll der Pachtkontrakt, in Ermangelung anderer Vereinbarung, nach geschehener Ernte als aufgelöst angesehen werden.

Welche Vergütung etwa dem Pachter oder Verpachter für Düngung, Einsaat ꝛc. oder dafür zu leisten sei, daß das Grundstück zu einer andern Zeit oder in einem andern Abschnitte der Fruchtfolge aus dem Pacht fällt, als solches vertragsmäßig feststand, ist von der Kommission (Art. 20) zu bestimmen.

Art. 19. Ein gerichtliches Verfahren über die aus der Güterzusammenlegung erwachsenden Entschädigungsansprüche des Pachters oder Verpachters findet nicht statt.

Auch ist der Pachter, im Falle etwa zur Zeit der Auflösung des Pachtverhältnisses diese Entschädigungsansprüche noch nicht definitiv geordnet sein sollten, nicht berechtigt, dieserhalb ein Retentionsrecht an dem Grundstücke auszuüben.

IV. Bestimmungen über das einzuhaltende Verfahren.

Art. 20. Sobald nach Art. 1—3 entschieden ist, daß und in welcher Ausdehnung eine Zusammenlegung stattfinden soll, wird von dem Verwaltungsamt eine Kommission gebildet, welche besteht:

a) aus dem Verwaltungs-Beamten oder einem von demselben zu bestellenden Kommissär, als vorsitzendem Mitgliede;

b) aus dem Bürgermeister der Gemeinde, in deren Gemarkung die Zusammenlegung geschehen soll. Soll eine Zusammenlegung in einem

Feldbistrikte, welcher für sich eine eigene Gemarkung bildet, ausgeführt werden, so tritt der Bürgermeister der Gemeinde, welcher die Gemarkung in polizeilicher Hinsicht zugetheilt ist, in die Kommission ein;

c) aus drei Sachverständigen, welche in derart zu ernennen sind, daß der Eine nebst dessen Stellvertreter von dem höchst besteuerten Drittheil der betheiligten Grundbesitzer, der Zweite nebst Stellvertreter von dem zweithöchst besteuerten Drittheil und der Dritte nebst Stellvertreter von dem am geringsten besteuerten Drittheil der Grundbesitzer gewählt werden; es kommen hierbei nur die Steuerkapitalien der bei der Zusammenlegung betheiligten Grundstücke in Betracht.

Insoweit die Wahlen der unter c. bezeichneten Personen nicht binnen der von dem Verwaltungsamt anzuberaumenden vierwöchentlichen Frist von den Interessenten vorgenommen werden, erfolgt die Ernennung derselben durch das Verwaltungsamt;

d) aus einem von den unter a., b. und c. genannten Kommissionsmitgliedern zu wählenden, von der Landesregierung 2. Dep. als qualifizirt erachteten Geometer.

Die Beschlüsse der Kommission werden nach Stimmenmehrheit gefaßt, bei Gleichheit der Stimmen entscheidet die Stimme des Vorsitzenden.

Art. 21. Zur Ausführung der Zusammenlegung läßt das Verwaltungsamt durch den Geometer und die drei Sachverständigen und den Bürgermeister zunächst einen Entwurf über die neue Feld- ꝛc. Eintheilung ausarbeiten, welcher zu enthalten hat:

1) den General-Situationsplan über die neue Eintheilung der Fluren und der Fluren in Gewanne, wobei zugleich die Richtung der Parzellen anzudeuten ist;

2) die Vorschläge zu Wegen und sonstigen Verbesserungen nebst den nöthigen Kostenvoranschlägen. — Nachdem hierauf

3) von dem Geometer und den drei Sachverständigen die Abschätzung aller der Zusammenlegung unterworfenen Grundstücke mit Rücksicht auf die darauf ruhenden Servituten, die darauf verwendeten bleibenden Verbesserungen, die darauf stehenden Bäume u. s. w. vorgenommen und dem Entwurf beigefügt worden ist, unterwirft das Verwaltungsamt denselben der Berathung sämmtlicher Mitglieder der Kommission und läßt sodann den nach den Beschlüssen der Letzteren bestimmten Entwurf mit dem über die Berathung der Kommission aufgenommenen Protokoll und den sonstigen erwachsenen Akten zur Einsicht der Betheiligten in der betreffenden Gemeinde während einer Frist von vier Wochen unter Anbe-

Anberaumung eines Termins nach Ablauf jener Frist zur Vorbringung von Reklamationen offen zulegen.

Art. 22. Ist dieser Entwurf (Art. 21) von den Interessenten angenommen oder durch rechtskräftige Entscheidung festgesetzt, so theilt das Verwaltungsamt denselben dem Geometer zur Ausarbeitung im Einzelnen mit. Nachdem von dem Letzteren die Klassen in die Karten eingezeichnet, für die einzelnen Grundstücke berechnet und in die Geschosse eingetragen worden sind, ordnet das Verwaltungsamt die Austheilung der Geschosse an die Interessenten und die Offenlegung der Parzellenkarten und Abschrift des topographischen Güterverzeichnisses zur Feststellung des Besitzstandes und der Größenangabe der Grundstücke an.

Hinsichtlich der Offenlegung und des Termins zur Erhebung von jetzt noch zulässigen Reklamationen gelten die Bestimmungen des vorhergehenden Artikels.

Art. 23. Sind auch diese Reklamationen erledigt, so wird, nachdem die betheiligten Grundbesitzer über die Größe der Konsolidationsabtheilungen und über das bei der Verloosung und Austheilung einzuhaltende Verfahren von der Kommission gehört worden sind und Letztere darüber Beschluß gefaßt hat, zur Verloosung und Austheilung geschritten.

Ist die Austheilung in den der Konsolidation unterworfenen Komplexen und die Abweichung in den einzelnen Geschossen von dem Geometer vollzogen, so werden die letzteren nochmals den Interessenten zur Prüfung und Anerkennung zugestellt und die Theilungskarten während einer Frist von vierzehn Tagen offengelegt, nach deren Ablauf ein dritter Termin zur Vorbringung von Reklamationen anberaumt wird.

Die jetzt noch zulässigen Reklamationen können selbstverständlich nur gegen das bei der Austheilung eingehaltene Verfahren und die hierdurch den Betheiligten etwa erwachsenen Benachtheiligungen und die in Geld ermittelten Ausgleichungssummen gerichtet sein.

Nach Erledigung der Reklamationen werden endlich die Parzellen auf dem Felde durch den Geometer in Gegenwart des Feldgerichts, im Oberamte Meisenheim zweier Mitglieder des Gemeindevorstandes, und der Betheiligten, insoweit solche auf die an sie zu erlassende Einladung erscheinen, abgesteckt und diesen nach erfolgter Aussteinung durch das Verwaltungsamt oder einen von demselben beauftragten Kommissär eigenthümlich überwiesen.

Art. 24. Von denjenigen Interessenten, welche in einem oder dem andern der drei anberaumten Termine keine Reklamationen vorbringen, wird angenommen, daß sie mit dem offen gelegten Entwurf (Art. 21), den Vermessungsresultaten (Art. 22) und der Austheilung der Grundstücke (Art. 23) einverstanden sind.

Werden dagegen in einem der obigen Termine Reklamationen angebracht, so sucht das Verwaltungsamt unter Mitwirkung der Kommission (Art. 20) die Anstände auf gütlichem Wege zu beseitigen.

Gelingt dieses nicht, so hat das Verwaltungsamt die Akten über die erhobenen Reklamationen der Landesregierung vorzulegen, welche im Plenum darüber zu entscheiden hat und, insoweit die Reklamationen gegen die Abschätzung der Taxatoren gerichtet sind, eine Gegenschätzung durch unbetheiligte Sachverständige anordnen kann, deren Kosten die Reklamanten zu tragen haben, im Falle sie im Unrecht sich befinden

Gegen die Entscheidung der Landesregierung kann binnen vier Wochen zerstörlicher Frist Rekurs an den Geheimen-Rath ergriffen werden.

Art. 25. Ueber die den Grundbesitzern zugetheilten und überwiesenen neuen Parzellen (Art. 23) wird einem Jeden eine von dem Verwaltungsamt unterschriebene Urkunde zugestellt. Diese Urkunde ist im Amte Homburg einer gerichtlichen Urkunde über den Erwerb gleich zu achten und bedarf, um sie in das Flurbuch einzutragen, keiner gerichtlichen Bestätigung. Im Oberamte Meisenheim vertritt die gedachte Urkunde die Stelle eines Notariatsaktes.

Die auf den neu gebildeten Grundstücken etwa noch ausstehende Ernte verbleibt jedoch den früheren Besitzern.

Waren bei einzelnen zur Masse gezogenen Grundstücken die Eigenthumsverhältnisse ungewiß, so ist bezüglich der dafür aus der Masse zu überweisenden Grundstücke keine Eigenthumsurkunde, sondern nur eine Bescheinigung dahin zu ertheilen, daß letztere auf denselben Namen im Mutationsverzeichnisse zuzuschreiben seien, auf den erstere im Flurbuche eingetragen wären.

Art. 26. Nachdem die Betheiligten in ihr neues Eigenthum eingewiesen sind, müssen über die neu vertheilten Fluren neue Steuerkataster und Flurbücher aufgestellt, die Karten kopirt, die früher radizirten Grund- und Tilgungsrenten neu radizirt und die Hypotheken auf die Surrogate in den Hypothekenbüchern übertragen werden.

Art. 27. Innerhalb vier Wochen nach erfolgter Ueberweisung der Grundstücke steht den Betheiligten frei, bei der Kommission (Art. 20) auf den Grund hin zu reklamiren, daß die im Absatz 1 des Art. 6 erwähnten Verschiedenheiten inmittelst wieder in Wegfall gekommen seien. Ueber solche Reklamationen und ob und inwieweit nach Maßgabe derselben die Zahlung einer Ausgleichungssumme zu unterbleiben habe, ist nach den Vorschriften des Art. 24 dieses Gesetzes zu entscheiden.

V. Bestimmungen über den Kostenpunkt.

Art. 28. Die Kosten, welche aufgewendet werden müssen, um die neue Feldeintheilung zur Ausführung zu bringen, sind von den sämmtlichen Theilnehmern, und zwar nach dem Verhältnisse der bisherigen Grundsteuer-Kapitalien der zusammengelegten Grundstücke zu tragen. Hierher gehören außer den Kosten der Vermessung, Aufstellung der Steuerkataster und Grundbücher ꝛc. auch diejenigen der Anlage der im Art. 9 erwähnten gemeinschaftlichen Anstalten, Wege ꝛc., soweit nicht eine Verpflichtung einzelner Theilnehmer oder öffentlicher Kassen eintritt.

Die Kostenverzeichnisse werden von dem Verwaltungsamt für exekutorisch erklärt und die Kosten werden gleich den übrigen Gemeindeeinnahmen beigetrieben. Die Kosten, welche nicht im Interesse der ganzen Gemeinschaft, sondern nur im Interesse einzelner Grundstücke, z. B. bei Bewässerungs- und Entwässerungsanlagen, aufgewendet werden, sind von den Besitzern dieser Grundstücke zu tragen.

Art. 29. Alle auf die Zusammenlegung und neue Feldeintheilung sich beziehenden Verhandlungen, einschließlich der Hypothekenübertragungen, sollen Stempelfreiheit und Freiheit von Einregistrirungsgebühren genießen.

VI. Bestimmungen über Veränderung und Anlegung von Feldwegen.

Art. 30. Die Vorschriften des gegenwärtigen Gesetzes finden auch dann, wenn zwar keine Zusammenlegung der Grundstücke, aber die Veränderung oder Regulirung und Anlegung von Flur- und Gewannwegen und Wassergräben in ganzen Gemarkungen oder einzelnen Fluren oder Gewannen beantragt wird, unter der Modifikation Anwendung, daß im Falle einer Abstimmung nach Art. 1—3 Diejenigen, welche sich nicht ausdrücklich gegen die vorzunehmenden Anlagen erklären, als zustimmend angesehen werden sollen.

Insbesondere ist hierbei nach den in dem Art. 9 enthaltenen Vorschriften zu verfahren, mit der Modifikation jedoch, daß jeder Betheiligte verbunden ist, das erforderliche Land gegen den Schätzungspreis in

Geld abzutreten oder Abschnitte von Grundstücken und überflüssig gewordene Wege, Bäche u. s. w. gegen den Schätzungspreis anzunehmen.

VII. Bestimmungen zur Verhütung von Zersplitterung der Grundstücke in zu kleine Parzellen.

Art. 31. Für diejenigen Distrikte, in welchen eine Zusammenlegung und neue Feldeintheilung stattgefunden hat, soll von dem Verwaltungsamt nach Anhörung des Gemeindevorstandes und des Feldgerichts im Amte Homburg — im Oberamte Meisenheim des Gemeindevorstandes — ein Minimum festgesetzt werden, unter welches bei einer Vertheilung von Wiesen= oder Frucht= und Ackerland, mit Ausnahme des Gartenlandes und beziehungsweise der Weinberge, nicht heruntergegangen werden darf.

Dieses Minimum darf nicht geringer, als auf ein Viertheil Morgen und nicht höher, als es von dem Gemeindevorstand und dem Feldgericht resp. dem Gemeindevorstand beantragt worden ist, festgesetzt werden.

Art. 32. Auch in den Gemarkungen oder Distrikten, in welchen eine Zusammenlegung von Grundstücken nicht stattgefunden, soll eine Zersplitterung von Wiesen=, Frucht= und Ackerland, mit Ausnahme des Gartenlandes, von Baumfeldern und Weinbergen in kleinere Parzellen als ein Viertheil Morgen nicht stattfinden. Es kann jedoch für einzelne Gemeinden von dem Verwaltungsamt auf den Antrag des Gemeindevorstandes und des Feldgerichts — im Oberamte Meisenheim des Gemeindevorstandes — ein höheres Minimum der Parzellen, unter welches bei Theilungen von Wiesen=, Frucht= und Ackerland, Baumfeldern und Weinbergen nicht herabgegangen werden darf, festgesetzt werden.

VIII. Bestimmungen über die durch Vereinigung sämmtlicher Grundbesitzer zu Stand gekommene Zusammenlegung oder Feldeintheilung.

Art. 33. Kommt eine Zusammenlegung beziehungsweise neue Feldeintheilung durch eine Vereinigung sämmtlicher Grundeigenthümer zu Stande, so soll das gegenwärtige Gesetz ebenfalls unter der Voraussetzung Anwendung finden, daß bezüglich des in diesem Falle von den Betheiligten selbst vereinbarten Entwurfs das im Art. 20—27 verordnete Verfahren nachgeholt wird.

IX. Ausführung des Gesetzes.

Art. 34. Mit der Ausführung des gegenwärtigen Gesetzes ist Unsere Landesregierung beauftragt, von welcher auch dem Geometer und den Sachverständigen für ihr Verfahren auf den Grund dieses Gesetzes die erforderliche Instruktion wird ertheilt werden.

Urkundlich Unserer eigenhändigen Unterschrift und des beigefügten landgräflichen Insiegels.

Gegeben Homburg, den 8. Juli 1862.

(L. S.)

Ferdinand.

vdt. Fennes.

Verordnung,
betreffend die Einführung der im westrheinischen Theile des Regierungsbezirks Koblenz geltenden Gesetze in dem vormals hessen=homburgischen Oberamte Meisenheim.
Vom 20. September 1867.

Wir **Wilhelm**, von Gottes Gnaden König von Preußen ꝛc., verordnen, auf den Antrag Unseres Staatsministeriums, was folgt:

§. 1. Alle seit dem 5. April 1815 ergangenen Gesetze und landesherrlichen Verordnungen, welche in dem westrheinischen Theile des Regierungsbezirks Koblenz Gesetzeskraft haben, werden hierdurch mit derselben Wirkung vom 1. Oktober d. J. ab in dem Oberamte Meisenheim eingeführt, insoweit dies nicht schon durch andere Verordnungen geschehen ist, und unbeschadet der in diesen letzteren enthaltenen besonderen Bestimmungen.

§. 2. Dagegen werden vom 1. Oktober d. J. ab, insoweit dies nicht ebenfalls bereits geschehen, alle seit dem 5. April 1815 von der landgräflich hessen=homburgischen und der großherzoglich hessischen Regierung für das Oberamt Meisenheim erlassene Gesetze und Verordnungen mit den in den §§. 3—5 genannten Ausnahmen aufgehoben.

§. 3. Von den seit dem 5. April 1815 im Oberamt Meisenheim unter hessischer Landeshoheit erlassenen Gesetzen und Verordnungen bleiben in Kraft: 1) die Verordnung vom 9. Juli 1838 über den Aufbau, die Wiederherstellung und die Unterhaltung der öffentlichen Wege im Oberamt Meisenheim (landgräfliches Amtsblatt von 1838 Nro. 28); 2) die nach dem Staatsvertrage vom 9./27. Mai 1833 mit Gesetzeskraft in der vormaligen Landgrafschaft Hessen eingeführte kurhessische Brandkassen=Ordnung vom 27. April 1867, sowie die nachherigen gesetzlichen Bestimmungen in Beziehung auf die gedachte General-Brandversicherungs=Anstalt für das Gebiet des ehemaligen Kurfürstenthums Hessen (landgräfliches Regierungsblatt von 1855 Nro. 7); 3) das Gesetz vom 8. Juli 1862, betreffend die Zusammenlegung der

Grundstücke, Theilbarkeit der Parzellen und Feldwegeanlagen (landgräflich hessisches Regierungsblatt Nro. 9). Die in dem Gesetze vom 8. Juli 1862 der vormaligen Landes-Regierung zu Homburg beigelegten Befugnisse werden der Regierung zu Koblenz und zwar der Abtheilung des Innern übertragen. Der Rekurs (Art. 24 a. a. O.) gegen ihre Entscheidung geht an das Revisionskollegium für Landeskultursachen.

Die Bestimmung des §. 18 der Gemeinheitstheilungs-Ordnung für die Rheinprovinz vom 19. Mai 1851 (Gesetz-Sammlung S. 371) findet, soweit sie der Ausführung des Gesetzes vom 8. Juli 1862 entgegensteht, im Gebiet des Oberamts Meisenheim keine Anwendung.

§. 4. Bis zur Vereinigung des Oberamts Meisenheim mit einem altpreußischen Kreise und bis zur Einführung einer gemeinsamen Kreisverfassung auf Grund der Kreisordnung für die Rheinprovinz und Westfalen vom 13. Juli 1827 (Ges.-Samml. S. 117) und der dazu ergangenen ergänzenden Bestimmungen bleibt der bisherige Bezirksrath mit der Verwaltung der vorhandenen Bezirksanstalten des Oberamts nach Vorschrift des Gesetzes über die Bezirksräthe vom 9. Oktober 1849 und des Gesetzes, betreffend die Verfassung des Landgrafthums, beziehungsweise die Bezirksräthe vom 20. April 1852, betraut.

Sobald dagegen das Oberamt seine gesetzliche Vertretung auf dem Kreistage erhalten haben wird, gehen die Funktionen des Bezirksraths, als Vertreter der Bezirkskorporation, auf diejenigen Mitglieder des Kreistages als besonderen Konvent für diesen Zweck über, welche dem Oberamt angehören.

Bei den Geschäften und Verhandlungen dieser ständischen Vertreter des Oberamts führt der Landrath des Kreises mit denselben Befugnissen den Vorsitz, welche ihm der kreisständischen Versammlung gegenüber beigelegt sind.

Die Verzinsung der durch den Ausbau der Bezirksstraßen im Oberamte entstandenen Schulden des letzteren und die planmäßige Tilgung dieser Schulden im Wege der Amortisation ist allein von denjenigen Gemeinden zu bewirken, welche seither die Bezirkskorporation des Oberamts Meisenheim gebildet haben. Auch fällt die Unterhaltung der Bezirksstraßen selbst den gedachten Gemeinden zur Last, so lange nicht die Uebernahme auch dieser Straßen auf den Bezirksstraßen-Fonds nach Anhörung des Provinzial-Landtages von Uns genehmigt worden ist.

§. 5. Die Verwaltung der Orts-Armenpflege in dem Gebiete des Oberamts Meisenheim verbleibt den Lokal-Armenkommissionen, die Verwaltung der Bezirks-Armenpflege der Bezirks-Armenkommission. Die Kommissionen behalten die durch die Verordnung vom 15. Oktober 1832 (landgräfl. hessisches Amtsblatt von 1832 Nr. 48) ihnen gegebene Zusammensetzung und üben die durch diese Verordnung ihnen beigelegten Befugnisse und Obliegenheiten insoweit aus, als dieselben mit den im Bezirke des Oberamts eingeführten altländischen Gesetzen vereinbart sind.

§. 6. Der Erlaß der erforderlichen Ausführungsinstruktion bleibt den betheiligten Ressortministern überlassen.

§. 7. Gegenwärtige Verordnung tritt an dem Tage in Kraft, an welchem das dieselbe enthaltende Stück der Gesetzsammlung in Berlin ausgegeben wird.

Urkundlich unter Unserer Höchsteigenhändigen Unterschrift und beigedrucktem königlichen Insiegel.

Gegeben Baden-Baden, den 20. September 1867.

(L. S.) **Wilhelm.**

Gr. von Bismarck-Schönhausen.   Frhr. von der Heydt.

Gr. v. Itzenplitz.   v. Mühler.   Gr. zur Lippe.

von Selchow.   Gr. zu Eulenburg.

Verzeichniß der Druckfehler.

1) Seite 10 hat in der letzten Zeile „Friedrich VI." das VI. auszufallen.
2) Seite 32 §. 2, 1 am Schluß des 3. Absatzes lies statt „Mauersteine" Mühlsteine.
3) Seite 35 §. 4 am Schluß lies statt „Kallbeche" Kallbach.
4) Seite 51 im letzten Satz der Bemerkungen lies statt „redizirtes" radizirtes.
5) Seite 94 unter Cap. VII. 1 lies statt 800 fl. 1800 fl.